エレクトロニクス産業の興亡
～伝統から未来へ～

価値創造への挑戦：加納剛太の歩んだ道

The Electronics Industry
A Roller Coaster Ride to Create Value
The Career of Gota Kano

編著　加納剛太
監修　濱口智尋
著者　安井美佐子
協力　一般社団法人
　　　映像情報メディア学会

22世紀アート

目次

推薦のことば

末松安晴
東京工業大学元学長

「社会の一大変革期に貢献」

　昨今のテレワーク活動により社会の繋がりが深く広がり、未知の世界への一大転換が起こっている。そうした変革は、これまでに成されてきたデジタル技術やエネルギー改革、そして生命科学などで成し遂げられた社会的技術基盤の飛躍的な躍進と社会への浸透がこれを支え、そして、過密な生物集団の様相が目立ち始めた人類が、コロナなどで自ら破壊した生活様式の再建を先取りしているのであろう。

　こうした激甚の変革期では、戦後の社会を一変させたエレクトロニクス革命の一端を担って先導し、現在の社会に大きな貢献をしてきた、気力に満ちあふれる加納剛太博士の歩んだ道が、未来への変革を求める多くの人達に共感を生む事であろう。

　本書が多くの読者に親しまれることを望む由縁である。

2021 年 2 月 27 日

Carlos Paz de Araújo Professor,
University of Colorado at Colorado Springs,
Chairman & CEO, Symetrix

Your view of the world was always focused on innovation, cooperation and mutual prosperity. Your ability to bring industry leaders and academia into a common vision for the betterment of society across many cultures is celebrated by all those friendships ,and attracted people who seek to build a better world.

Earlier in my career, your help in bringing ferroelectric memory into the real world and your continuous support in many ways made it possible to create my professional achievements. In fact, I would not have been able to do my life's work without you,

Thank you very much for your constant inspiration and support. It is a great pleasure to see all of your life compiled in a book to inspire generations to come.

古池進
元パナソニック（株）副社長

　加納さんが成し遂げた国際協業には、大きな枠組みが２つある。1つはプラズマコ社の買収。もう１つはシンメトリックス社への出資。両社ともに、米国を代表するベンチャー企業。プラズマコ社はアメリカ東部文化の中で製造業を背景とし、シンメトリックス社はアメリカ西部文化の中で情報産業を背景として興した技術集団のスタート・アップ企業。両社共にパナソニックには貢献したが文化が違う。プラズマコ社は 1 世代を築いた。シンメトリックス社は未来へ向かって進化を求め現在に至った。トランプ、バイデンの戦略の基本的な違いに通じるかも。

　パナソニックは東に乗った、理解ができるというだけの理由から。文化の違いはビジネス・モデルの違いを露呈した。何方が優れているかは問わない。新生パナソニックは何処へ行く。

　"伝統から未来"へと価値創造の原点がシフトしていくことには洋の東西を問わないかも。

監修者のことば

監修者　濱口智尋

大阪大学名誉教授

米国物理学会フェロー（Fellow of the American Physical Society）

英国物理学会フェロー（Fellow of the Institute of Physics）

米国電子電気学会フェロー（Fellow of the Institute of Electrical and Electronics Engineers）

応用物理学会フェロー（Fellow of the Japan Society of Applied Physics）

瑞宝中綬章叙勲(2016 年)（The Order of the Sacred Treasure, Gold Rays with Neck Ribbon）

「伝統から未来へ ～価値創造への挑戦～ 加納剛太の歩んだ道」の企画について相談を受けた折に加納剛太氏の歩んだ道は後世に役立つのではと思い、その監修をお受けしました。私は加納氏と 1960 年代初期に大阪大学の電気工学科で勉強し、半導体物理を理解できず苦しんだ時代を思い出しました。トランジスタが実用化され、時代の最先端を担うようになってからは時折企業の直面する問題が気になっておりました。私の研究室の卒業生が加納氏の下で研究開発に携わることになり、卒業生からも相談を受けておりました。GaAs 系の LED やレーザダイオードが開発され、CD プレーヤーが実用化された折には開発者たちの努力に感服したのを覚えております。その後、プラズマディスプレイの開発の状況を毎年見せていただいた折には

開発の苦難状況を知るにつけ、企業のむつかしさを思い知らされました。それも、解決して、液晶ディスプレイとの競争になった折、将来の成り行きを想像して大いに心配をしたものです。しかし、先行技術と新規開発の競争はこれに止まらず、液晶と有機 EL との競争に移り現在も結論は出ておりません。加納氏の強誘電体メモリはシリコン技術の上を行くものだと思いましたが、安価で大量生産に向いたシリコン技術には勝てませんでした。

　加納氏はこのような最先端の技術開発と実用に携わり、成功と失敗を重ねながら挑戦し続けており、今なお起業家としての夢を追い続けており、彼の生きざまを知ることは後世の若者たちには参考になると思います。私は、半導体の物理を徹底的に追求し、その基礎を完全に理解して、デバイス開発に役立てようとして努力してきました。水野博士が水野ダイオードを発明したころ、私はガンダイオード (Gunn diode) の発振原理を追及し、n-GaAs の高電界下の負性微分電気伝導度を高電界マイクロ波でドメインを発生させることなく測定することに成功し、ガン効果の議論に終止符を打ちました。そのガンダイオードが「はやぶさ」の通信装置に用いられていることを知って非常にうれしく思っております。その後、私は超格子や量子ドットの電子状態、強磁場効果、変調分光、ナイトライド半導体のバンドや電気伝導の理論計算に明け暮れました。

　加納氏とは大学の同窓生という関係で公私ともに親交を深め、現在も家族間の交流が続いております。1999 年に高知工科大学の大学院工学研究科に起業家コースが新設されたが、学位審査の規定を作り、大学院での博士課程の教育と研究指導の経験を伝授してほしいとの依頼を受け、お手伝いをさせていただきました。新しく入学した

学生が、優れた論文を提出し、博士号を授与されたことは大きな成果でした。また、コースの英語表示を Entrepreneur Engineering と決め、映像情報メディア学会にアントレプレナー研究会を立ち上げ、研究成果の発表と交流の場を設けたのも二人の交友の成果だと思っております。加納氏の起業家としての歴史をまとめるにあたり、監修者として少しでもお手伝いができたとしたら望外の喜びです。今後の活躍を祈っております。

はじめに

　２０２０年１０月、アメリカの半導体大手 NVIDIA 社によりイギリスのソフトウエア開発企業 ARM 社買収の動きがあるという話題が世界中に駆け巡った。ARM 社は自社工場を持たないファブレス企業であるが、同社が開発にかかわったチップは世界の携帯電話におけるシェア９割以上を誇っている。NVIDIA が ARM を買収しようとする背景は、世界中で動画視聴が広がる中、膨大な量のデータを処理できるグラフィック技術を欲したからだと言われている。

　ARM 社は、省電力でも対応できる半導体に早期から力を入れていた。その分野で先端研究を行っているのが、本書の主人公である加納剛太のビジネスパートナー、カルロス・アラウジョである。カルロスが長年研究を続けてきた強誘電体チップの技術は、膨大化するデータの処理を新しい物理学理論によって行おうとするものだ。日々膨大化するデータの取り扱いに加えて、世界の爆発的な人口増加というファクターも加わり、もはや今までの原理では、データ処理が不可能だと危惧されていたところに、カルロスが量子の概念を用いた CeRAM メモリを開発した。それが ARM 社の目に留まり、２０１４年以来、独占ライセンス契約を結んでいる。

　カルロスの発明は、今後世界のデジタル環境を大きく変

高知工科大学の加納オフィスにて

えていく可能性がある。電子から量子の世界への変化の突破口に今、私たちは立っているのだ。

　しかし、もしも加納の存在がなければ、カルロスの研究が実現することもなかったかもしれない。加納自身は、松下電子工業の研究者であったが、資金面のみならず精神面においても長年カルロスを支えつづけた。彼らのパートナーシップこそが、勝利への道を切り開いたのだ。

　むろん、多くの人はそのことを知らない。おそらくこの先もカルロスの栄光の陰で加納の貢献が語られる機会はほとんどないだろう。しかし、人類のエポックメーキングな発明の背後には、何人ものそれを支えてきた名もなき人たちが存在する。

　世界を変えていくシーズは、どこにどのような形で眠っているか、わからない。見つけた種が芽を出し、花を咲かせることができるのかどうか、それも定かではない。しかし、ただひたすら信じることで大輪の花を咲かせた。それが本書の主人公、加納剛太である。誰もが実現不可能だと笑った夢の技術が、３０年の時を経ていよいよ実現しようとしている。

　さて、過去にも世界が大きく変わるとき、そこにはいくつもの画期的な発明があった。

　１９４７年、アメリカのベル研究所で、バーディーンとブラッテンにより点接触トランジスタが発明された。翌１９４８年ショックレーが接合型トランジスタを発明する。この発明を契機とし、ラジオやテレビが生まれ、世の中の情報の拡散スピードが飛躍的に高まった。さらには計算機、コンピュータ、LSI の誕生により、IT 革命が起こり、社会構造や産業のみならず、私たちの生活そのものを根本から大

きく変えていった。

　トランジスタの発明から約７０年を経た現在は、AI や IoT が進展した時代であり、大量の動画やビッグデータなど世界中を飛び交う情報はますます増大しつつある。さらに地球上の人口増加が著しい。現在７７億人の人口が、２０５０年には９７億人に増加すると予想されている。それに伴い、デジタルを利用する人口も増える。

　瞬時に情報が共有できるグローバルな世界。AI がディープラーニングによってあらゆる産業の構造を変えていく社会。こうした進化に呼応するかのごとく増大していく人間のニーズに応えるために、あるいは持続可能な社会を実現するために、この世界を根本から変えてしまうほどの可能性に満ちたディープ・イノベーションの重要性というものが、ますます高まっている。

　そんな折、世界は新型コロナウィルスという厄災に見舞われた。地球上に暮らす人類は、どの国も例外なく、新型コロナとの戦いに奮闘している。いまだその先行きは不透明ではあるが、今後、ポストコロナの世界においては、リモートワークやオンライン会議など、生活スタイルや働き方の変化が進み、デジタル技術が担う役割は増大する。これまでと異なる新しいイノベーションが求められることは想像に難くない。

　過去にもイギリスの産業革命、情報革命、IT 社会の進展など私たちの社会には、数々のパラダイムシフトが起こってきた。たとえば戦争、そして今回のコロナ禍のような疫病も、文明進化の重要なトリガーとなってきた。必要に迫られ、あらゆる変化が同時多発的に起こり、飛躍的に社会構造を変えてきたのである。その反面、時代にそぐわないモノや習慣は淘汰され、人々の暮らしに寄与するモノが次々と生

み出され、進化した社会が形成されてきた。

　しかし、日進月歩の技術は、生まれたそばから陳腐化し、また新しい技術に上書きされてしまう。「創造的人生の持ち時間は１０年だ」と映画のセリフで語らせたのは、アニメ映画監督の宮崎駿であるが、どれだけエネルギッシュな人間であっても、休みなく走り続けることはできないし、どれだけ創造的な人間であってもアイデアには限りがあり、いずれは枯渇してしまうものなのかもしれない。

　そうした人生の有為転変は、国家や文明にもなぞらえることができよう。どれほど発達した文明や鉄壁と見える権力も頂点を極めれば、そこから先は下り坂となる。社会のダイナミズムは、命あるもののごとく生まれて興り、やがて枯れていく。そして次の主役へとその座を譲るのである。

　さて、わが国に目をむけてみると、第二次世界大戦後から高度経済成長期、バブル経済を経て経済的な失墜を経験した。かつて世界中から技術大国日本と尊敬を集めたあの頃の姿はまるで消え失せ、今や国際競争力においても技術分野においても、日本は、中国や韓国の後塵を拝している。そして、失われた３０年と呼ばれる低迷からの脱却の道は杳として見通せない。そういう意味において、日本は一つの国の栄光と斜陽をまるで物語のようになぞっている。

　戦後、日本の国土は焼け野原となり、完膚なきまでに打ちのめされた。もともと資源もなく、戦争により国家存亡の危機に陥った日本は、預金封鎖によって国民の資産を凍結せねばならぬほどの窮地にも陥った。そんなどん底から奇跡の復活と世界から驚かれた経済復興は、ひとえに西洋に追いつくことを目標としたキャッチアップが功を奏したのである。西欧先進国に追いつくという明確な目標があったか

らこそ、日本はジャパン・アズ・ナンバーワンと称えられるほどの経済発展を遂げることができたのだ。

　しかし、いざ目標に到達したとき、日本は行き先を見失ってしまった。目標を見失い、方向性を見極めることができなかった。時を同じくして世界が大きく動き出す。東西冷戦が終結し、自由主義経済が拡大、IT技術が進展し、大競争時代が始まったのである。日本はこうした世界の動きに即応することができなかった。

　そのため平成に入ると経済発展に急ブレーキがかかり、失われた３０年と呼ばれる低迷の時代が続いた。対照的に、中国や韓国、シンガポールといったアジア諸国が力をつけてきた。そして、未だに日本は低迷から抜け出す手がかりを見つけ出せないでいる。

　戦後７５年、何が日本という国の原動力となり、何が日本にブレーキをかけたのだろうか。

本書では、高度経済成長からバブル崩壊、平成の失われた３０年という激動の時代を日本という島国で、夢を信じて挑戦し続けた一人の技術者——加納剛太の人生を通じて、ひもといていく。

　加納は、１９３８年、トランジスタが誕生する約１０年前にこの世に生を受け、松下電子工業の研究者として月日を重ねてきた。１９９５年、加納は世界最大規模の国際学術団体IEEEにおいて、ごく限られた功績者のみが選ばれるフェローに選出されている。IEEEとは、アメリカに本部を置く電気や電子、情報工

1995年 IEEE フェロー授賞式、サンフランシスコ・マリオットホテルにて

学分野の学会であり、世界各国に４２万人以上もの会員が存在する。このことから、彼が科学技術の分野でいかに社会に対し多大な貢献をしたかが、うかがい知ることができる。また１９９５年には同学会のファーイースト支部のチェアマンとしても活躍した。

　しかし、決して順風満帆な企業人人生だったわけではない。輝かしい成功もあれば、苦悩に満ちた時間もあった。いやむしろ苦悩する時間のほうが長かったかもしれない。加納本人も、まず取材時には開口一番

「自分の人生を語ることは単なる成功譚とはならない、むしろ敗者の弁となるであろう」

　と、自身の歩んできた道のりを述懐した。しかし、成功を重ねた人も決して平たんな道ばかりを歩いてきたわけではなかろうし、むしろ人は失敗から多くのことを学ぶものである。

　人が歩いてきた道のりには、その背景となる時代が鮮やかに映し出される。変化の速度が著しい家電やIT産業の嵐にもまれて、もがいた人間の心の内をのぞき見ることは、昭和から平成、そして令和へと移り変わった時代や、日本のある意味閉鎖的な企業風土の定点観測にもあたろう。一人の人間の視点から、変わりゆく世界、その潮流の速さ、どうしようもなく時代のうねりに飲み込まれていく企業の姿などが克明にあぶりだされるはずである。

　いわば彼の人生を辿ることは、敗戦のどん底から戦後復興を経て、工業大国へとなった日本の歴史をそのままなぞることに値するのだ。それこそが、日本のエレクトロニクス産業の興亡の歴史をたどる旅となる。

　定年退職後、加納は、日本の先端技術分野の弱点ともいえる産業と

市場ニーズの分断を埋めるべく、アントレプレナーシップの涵養を新たな使命とし高等教育の分野で活躍する。挫折の多かった現役を退いてなお情熱の炎を燃やし続けたのである。

じつは、世界における日本の大学の評価は決して高くはない。英国の教育情報誌「タイムズ・ハイヤー・エデュケーション」の２０２０年の調査によると、東大３６位、京大６５位といった具合である。加納はこのことにも強い憤りを持っている。なぜか？。日本で東大、京大といえば、間違いなく尊敬の目で見られる。しかし、これらの大学で日夜研究を行っている教授たちが日本の発展にどれだけ寄与したのか。象牙の塔にこもった教授たちは、ひたすら論文を書いてそれで何かを成し遂げた気になっているのではないかと加納は疑問を呈する。

国からそれなりの予算は配分されているにもかかわらず、それに見合った成果は出ているのだろうか。国民の税金から集められた研究費が、成果となり社会へ還元されていないのであれば、大学での研究は意味のないものとなる。

加納には、「世の中の役に立つものを作ってこそ、真の研究だと言える」という強い信念がある。最近でこそ、山中教授のiPS細胞や大村教授のイベルメクチンなど、世の中の人に役に立つ大学発の研究が増えてきている。ただし日本のノーベル賞受賞者の中でも江崎玲於奈氏はソニー（受賞当時はIBM）、田中耕一氏は島津製作所、中村修二氏は日亜化学、吉野彰氏は旭化成と、民間企業出身の研究者の受賞例が印象深い。

戦後日本を活気づけてきたのは、間違いなくモノづくりだ。名もなきエンジニアたちが、精魂こめて生み出した数々の製品が、日本を蘇

らせ、世界のトップにまで押し上げたのである。

　この本の主人公、加納剛太もその一人だ。世の中の役に立つ製品を作りたいという一心で、日夜、研究に明け暮れた。日本社会が輝いていたあの時代、その先陣を切り、他国の企業と手を組むことで、世の中の仕組みを一変させるような目覚ましい成果をと走り続けた一企業人の情熱とチャレンジ精神は、退職後の学術の世界でも独特な輝きを放ち続けている。

　加納の企業人としての人生、そして退職後の大学教授としての歩みにスポットをあてることで、日本の企業が見失ってしまった価値創造へのチャレンジスピリットを再発見するきっかけとなるのではないだろうか。

　なお、２００６年に東洋経済新報社から発行された『松下流起業家精神』という書籍に加納のことが詳しく紹介されている。企業の枠に収まりきらず、典型的な日本のサラリーマンとは一線を画す彼に興味をもった筆者のボブ・ジョンストン氏は、加納を通して松下電器という日本の巨大企業を分析しようとした。ちなみにジョンストン氏は、米国技術情報誌『WIRED』の日本駐在員として活躍したジャーナリストである。そして、そこに起業家としての精神が流れていることに着目したのである。加納には、企業に所属しているにもかかわらず起業家という冠を付与されるだけの理由があった。科学技術がただの机上の学問に終始することをよしとせず、世の中の役に立ってこそ、その研究成果が認められるという信念を基盤として行動していたからである。その信念は時として会社の利益よりも、人類全体の利益を優先させる結果ともなった。そして、彼はその熱い思いを学問と現実社会を結び付ける「起業工学」という言葉に結実させた。

　彼の履歴には巨大企業において理想と現実のはざまでもがいた経験や、ここぞという場面で人と研究をどこまで信じるのかといった彼ならではの直観力のようなものが、反映されている。

　加納は、松下電子工業時代に「日米補完協業」という考え方を提唱している。アメリカの創造性と日本の技術力による相乗効果により、優れた製品づくりを行うという考え方であり、実際に高度経済成長期の日本は、世界の半導体産業をリードしてきたアメリカを見習うことで、実績を上げてきた。

　ところが、加納が憧れ目標としてきたアメリカが、今やコロナや大統領選を巡り著しく混乱している。アメリカの混乱の原因は、行きすぎた資本主義の結果でもある。貧富の差や一部の富裕層による富の独占が社会や政治の分断につながり、4年前そこに符丁を合わせるように登場してきたトランプは "Make America Great Again!" と吠えた。

　その後、4年間アメリカを吹き荒れたトランピズムの嵐が去った後、新しい岐路に立ったアメリカが、どう国を再生していくのか。アメリカを友として長年仕事をしてきた加納は、その行く末にも注目している。

　ボブ・ジョンストン氏の『松下流起業家精神』から約四半世紀を経て、"学問"と"実際"の架け橋であろうとした加納の夢は実現したのであろうか。そして、加納が行きついた新たな境地についても探っていこう。

Prologue

In October 2020, NVIDIA Corporation, a major American player in semiconductors, announced that it will purchase the UK-based software design company, ARM Holdings. ARM's fabless business model means that ARM does not own any manufacturing facilities, yet more than 95% of smartphones in the world today use its chips. The reason why NVIDIA is acquiring ARM is to set the stage for AI computing as data centers and clouds seek better energy efficiency to cope with vast and growing data-crunching needs.

ARM focused from the outset on designing semiconductors that could run on low power. In that area, no one is better versed than Carlos Araújo—the leading-edge semiconductor researcher and business partner of this book's protagonist, Dr. Gota Kano. The ferroelectric chip technology that Carlos has been researching for years applies a new framework from theoretical physics to the task of processing huge amounts of data. Considering that the world faces a constantly increasing accumulation of data as the human population explodes, the writing has long been on the wall—limits are being reached and our current semiconductor technologies will soon be woefully insufficient for data processing needs. Carlos' solution applies quantum mechanics to semiconductor development, which has resulted in the pioneering of the proprietary technology he calls CeRAM—Correlated Electron RAM. ARM Holdings took notice of this research and signed an exclusive license with Carlos' company,

Symetrix Corp. ,in 2014.

Carlos' invention has the potential to alter the future of the digital world as we know it. We stand today at the precipice of a paradigm shift from electronic to quantum. It is truly a significant research achievement with empirical results that Dr. Kano has been proud to support through both friendship and funding since his own days as researcher at Matsushita Electric. The path to success was paved by partnership.

Until now, not many have known this history, and there may be no other chance to share it. That's why this book was written—to tell the behind-the-scenes of Dr. Kano and his steadfast belief in Carlos' groundbreaking innovation and his drive to bring it into the world. When support was most needed, Dr. Kano was among that limited number of people who helped carry forward the research, which will have repercussions for all of humanity far into the future.

Nobody knows where the seed lies hidden that will grow to change the world, and what form it will take. Plus, there is never a guarantee that a seed once found will germinate and flower. But one man's immutable belief in what is possible has led to a magnificent flowering. That man is the subject of this book, Dr. Gota Kano. Others laughed off the idea and called it impossible, But Kano supported this diligent research for over 30 years in pursuit of a viable technology; now it is about to come to fruition.

The world has had these inflection points before, facing a sea change brought on by revolutionary inventions. In 1947, John Bardeen and Walter Houser Brattain—American physicists conducting research at Bell Labs—invented the point-contact transistor. The following year, William Shockley conceived the bipolar junction transistor. This invention led to the transistor radio and the use of transistors (to replace vacuum tubes) in television sets. Soon enough, the spread of information around the world began to speed up dramatically. Transistors led to the development of calculators, computers, LSI (large-scale integrated-circuit) chips, and the IT revolution, all of which fundamentally changed social structures, industries, and the way people live.

Seventy years after the invention of the transistor, the emergence of AI and IoT will soon come to define the age we live in, as information flows in every direction around the world in myriad forms, including data-heavy video and enormous data sets—big data that simply continues to multiply. The planet's human population is also growing rapidly across the planet. Today the Earth is home to 7.7 billion human beings. An estimated 9.7 billion people will be alive in 2050, an increasing percentage of whom will have a digital footprint.

With today's technology, people can send information around the globe instantaneously; we live in a world in which AI is powering deep learning in ways that will forever change the structures of a wide range of industries. And as if in response to the new possibilities that are   emerging, people's needs are also growing. To both meet those needs and achieve global sustainability as time moves forward will require deep innovation in science and technology—perhaps the only approach that can fundamentally change the world.

We also find ourselves living in a world under attack from a novel coronavirus. No country on Earth where people live is exempt from the pandemic. We must battle the coronavirus as a species. And while the outcome may be unclear, we can already see what a post-pandemic world will look like—more remote work, more online conferences, and other changes in lifestyle and modes of working, with participation through digital mediums becoming increasingly vital. It is not difficult to imagine our becoming reliant on innovations that today have yet to be conceived.

The world has seen a number of paradigm shifts throughout history, from the Industrial Revolution in Great Britain to the information revolution of the modern day and the advancement of information technology. War can be a trigger for the evolution of civilization, as can an epidemic, like the coronavirus ravaging society today. Brought on out of necessity, a number of simultaneous changes have dramatically reshaped social structures. Practices and conventions ill-suited to the times get discarded in favor of things that bring convenience to people's lives, thereby shaping the ongoing evolution of society.

Technologies advance so rapidly that sometimes they become obsolete as soon as they are born, to be superseded by even newer technology. In the animated film by Hayao Miyazaki, *The Wind Rises*, a character (a famous Italian aeronautical engineer) speaks the lines, "Artists are only creative for ten years. We engineers are no different." What he meant was that no matter how energetic a person may be, it is impossible to continue going full steam ahead without rest, and no matter how creative a person may be, there is a limit to how many ideas they can come up with. Eventually, they will dry up.

A person's life is in constant flux, and the same can be said for a nation or a civilization. No matter how advanced a civilization or how invincible some power may seem, once it reaches its peak, it is bound to decline. The dynamism of a society is like a living thing—it is born, it flourishes, and eventually it withers and dies, giving way to the next dominant conformation.

If you apply this perspective to Japan, we see how, after defeat in World War II, the country experienced a long period of intense economic growth, followed by a bubble economy that collapsed and led to its downfall. Japan at one time held the position as the world's leading technology producer, but those days are long gone and that image has evaporated. In international competitiveness or even in technology, today Japan takes a back seat to China and South Korea. As yet there is no clear path out of the country's economic stagnation that has settled over the nation since the 1990s, a period known as the "lost 30 years." In that sense, Japan is a textbook case of the rise and fall—the glory and decline—of a nation.

At the end of WWII, the land mass of Japan had been largely flattened and burned out from unsparing bombings. As an island nation, Japan had no resources to begin with, but the war had put the national existence in imminent danger. A freeze on bank deposits had driven the government to freeze the assets of ordinary citizens, a desperate measure. But soon, an economic revival and miraculous recovery from rock bottom shocked the world. Such success was a national goal, aimed squarely at catching up to the West. Without that clear goal, perhaps the economic achievement would not have been possible, and we wouldn't have a "Japan as No. 1" era to look back on in the nation's history.

In hindsight, we can see that when the goal was finally reached, Japan no longer had a path forward. Without a goal, its leadership could not figure out what direction to take. At the same time, the rest of the world started to come alive. The Cold War between East and West came to an end, the free market economy began to expand, advances were made in IT, and a period of intense competition ensued. Japan was unable to respond quickly to these global trends.

The lack of direction stymied economic development at the start of the Heisei Era in 1989, and Japan entered a period of stagnation that was recently dubbed the "lost 30 years." In contrast, Asian countries like China, South Korea, and Singapore gained in strength. Japan today has yet to find its way out of this slow-growth mode.

The question remains, 75 years after the end of WWII, what are the drivers of Japan's progress and what factors are keeping the brake on?

This book examines the small island nation of Japan over the course of that dramatic stretch of time—from rapid postwar growth to the end of the bubble era and the three lost decades—through the life of Dr. Gota Kano, an engineer who never gave up his pursuit of technological dreams.

Kano was born in 1938, about a decade prior to the birth of the transistor. He spent many years as a researcher at Matsushita Electric Industrial, but never quite accepted the role of a company man. While he chalked up some stunning successes, personal struggles were not uncommon. It might even be more accurate to say that the difficulties outweighed the successes. Kano himself stated at the beginning of interviews for this book, "I wouldn't call this a simple success story. In talking about my life, I feel more like I'm giving a concession speech." Even with that view, he can be recognized as a person with many achievements under his belt, even if the path was not smooth and he had to learn from his failures.

The path trodden by any one individual clearly reflects the times and milieu in which that person lived and thrived. We take a peek into the heart and mind of this one engineer whose livelihood was dependent on reacting to the lightning-fast changes that took place in the field of home electrical products and the stormy vicissitudes of the IT industry. Through his life, we examine the social changes that took place in Japan over the decades and also examine the nation's insular corporate culture. His unique perspective will shed light on the massive waves of change that the world experienced, and will show how a company gets swallowed by those surging swells.

One man's life parallels the history of Japan from its abject defeat in war through it postwar recovery and emergence as an industrial powerhouse. After reaching mandatory retirement age, Kano embarked on a new mission—to teach entrepreneurship in higher education to bridge the gap between industrial innovation and market needs, a weak point in the area of Japan's cutting-edge technology. Retired and past the long frustrations he lived with in his engineering research career, Kano poured his heart into a new role as university professor.

Japanese universities, it needs to be noted, actually have quite low standing globally. According to Forbes magazine, the University of Tokyo ranks 87th, Kyoto University 127th, and Osaka University 200th among universities worldwide. Kano is vexed by this situation. Why? Because these institutions are unmistakably held in high regard within Japan. Yet how much has the painstaking research carried out by professors at these university contributed to Japan's advancement? Kano raises doubts about any professor who thinks that sitting ensconced in an ivory tower writing papers actually accomplishes something.

Even though the government allots a fair budget to research, is it generating commensurate results? If research expenses funded by the taxpayer are not producing results that are returned to society, what is the value of conducting research at universities?

Kano is convinced that "true research is only that which gives rise to something useful to the world." Shinya Yamanaka's iPS cells and Satoshi Ōmura's ivermectin are examples of a growing amount of research at universities that is eminently useful to the world. But what is noteworthy is the number of Japan's Nobel laureates who did their research at private companies, such as Leo Esaki, the physicist who did his research at Sony (and won the prize while working at IBM); Koichi Tanaka at Shimadzu Corporation; Shuji Nakamura at Nichia Corporation; and Akira Yoshino at Asahi Kasei Corporation.

There is little doubt that the fuel for Japan's post-WWII vigor was manufacturing. Countless unknown engineers put their heart and soul into designing products that revived Japan and pushed it to the top in global manufacturing. This book is about one of those engineers, Gota Kano. He pursued research day in and day out with the single-minded desire to create products that people would find useful. In that buoyant age for Japanese society, he led the way in partnering with companies in other countries to achieve a remarkable success that would upend existing notions of doing business. With his enterprising spirit and the undying passion of a businessman, even after retirement he brought his unique brilliance to the world of academia.

By focusing a spotlight on Dr. Kano's life as a businessman and retirement years as a university professor, perhaps we can rediscover that spirit of enterprise and desire to create value that Japanese companies have lost.

A 2006 book, *Matsushita-ryū Kigyōka Seishin (Matsushita-School Entrepreneurial Spirit)* published in Japanese by Toyo Keizai Inc., introduced Kano to the Japanese public in some detail. The book was written by Australian journalist Bob Johnstone, who was interested in Kano because he did not fit the pattern of the typical Japanese salaryman. The journalist told Kano's story in an attempt to analyze the corporate giant Matsushita Electric prior to its name change to Panasonic. He focused on the spirit of entrepreneurship that ran through the organization because Kano was considered an entrepreneur even though he was working for the corporation. That is because he acted on the basis of a fundamental belief that science and technology as theoretical study is not enough—only when it becomes useful to the world can research be understood to have achieved actual results. At times, this belief placed priority for his research on benefiting all of humanity rather than the bottom line of a single corporation. Ultimately, he came up with the term "entrepreneurial engineering," and channeled his passion in an effort to tie academic research to real-world results.

Kano's résumé reflects the experience of being in a large corporation, working in the interstices between the ideal and the actual, and relying on a finely honed intuition about how much to trust people or research when the chips are down.

Kano has been propounding the advantages of complementary cooperation in U.S.–Japan business efforts for decades, since his days at Matsushita Electric. He believes in the synergy of American creativity combined with Japanese technical prowess to create top-notch products. And in fact, history has shown how Japan learned from the United States as a global leader in the semiconductor industry to heighten its own industry and achieve advanced economic growth over the long term.

The only problem now is that the America that Kano admires so much and whose path is so valuable to emulate is now going through a chaotic period with the coronavirus and transition between presidential administrations. In one view, America's chaos can be attributed to capitalism gone too far. An untenable degree of wealth inequality—the gap between rich and poor—and the monopolization of resources and assets by the rich has caused an open rift in American society and politics. The same trend is unmistakable in Great Britain and the advanced European nations. This trend, with global economics devolving into competing nationalistic agendas, suggests that we may have reached a turning point that signals it is time to reevaluate the capitalistic economic system. Four years ago, Trump ran for president on the message to "Make America Great Again." Four years later, with the wild storm of Trumpism ebbing, the United States stands at a new crossroads, facing the question of how to rebuild. Considering the U.S. to be a friend, ally, and mentor over his long career, Kano can't help but feel anxious about its future. Yet, he is confident that it will get back on track and once again be a great country that leads the world toward a brighter future.

A quarter of a century has passed since Bob Johnstone's *Matsushita-School Entrepreneurial Spirit*. Has Kano's dream of being a bridge between academia and the real world been achieved? We shall explore the new field of activity at which Dr. Kano has arrived.

第1章　幼少期から大学へ

第1項　祖国への辛い旅

　この物語の主人公は、モノづくり日本の一時代を担った加納剛太という研究者である。加納は、松下電子工業の研究所所長として活躍し、のちには常務取締役技術本部長として経営にも携わった。加納は、あたかも戦後の日本経済の光と影を体現するかのような人生を歩んでいる。

　わずか7歳のときに満州からの引き揚げという困難を体験し、その後、戦後の貧困期を経て、大阪大学へ進学。当時、電気工学の次の学問として産業界から注目を集めていた電子工学を学んだ最初の世代として、待ち望まれて松下電器に入社した。その後の高度経済成長期の家電、エレクトロニクスの応用から、長らく松下電器の負債となったプラズマテレビ事業をけん引。半導体事業では、のちに画期的なディープ・イノベーションとなるシーズを見つけ、様々な横やりが入る中、その芽を大切に育んだ。企業のスタイルに染まりきらず、自分の信念を貫いた。ある意味、彼の企業人としての生きざまは、巨大企業松下のアカデミックな思想との闘いであったとも言える。

　定年退職後は、望まれて高知県にある高知工科大学へ着任。その後、京都先端技術研究所のビジネスディレクターや京都工芸繊維大学大学院の教授といった要職を歴任し、今にいたる。

　そして彼は、今、半導体業界で最も注目されているARM社と深い関りを持っている。

ARM 社と聞いてもピンと来ない人もいるかもしれないが、実に世界中のスマホの９９％に ARM 社の技術が用いられている。そして２０２０年１０月には、アメリカ半導体の大手 NVIDIA 社により、4兆円という金額で ARM 社の買収話が持ち上がった。それは、ARM 社が持っている大容量の動画処理に対応できる技術を NVDIA が欲したからである。この買収は、その当時、ARM 社を保有していたのがソフトバンクの孫正義氏だったこともあり、日本でも大きく報じられた。

　じつは加納剛太は、この ARM 社に独占的に技術を提供しているシンメトリックス社の取締役顧問という肩書を持っている。それには、シンメトリックス社の会長兼 CEO であるカルロス・アラウジョ氏との関係が深くかかわっているのであるが、それはのちのち詳しく紹介するとして、まずは、加納自身の物語をはじめよう。

　時は第二次世界大戦の終戦時へとさかのぼる。

　家族やその他大勢の引き揚げ者たちと共に、道なき道を何日歩き続けてきたことだろう。歩き疲れた加納たちを偶然通りかかった列車が乗せてくれた。ただし貨物列車で座る場所は石炭の上しかなかった。布を敷いて腰を下ろす。同行者たちのどの顔も一様に疲れて不安げである。屋根のない車両の中で、冷たい雨に打たれたが、それでも幼い足で歩き続けるよりはましだった。やがて雨は激しさを増し、石炭の上にいた加納たちは顔も身体も洋服も真っ黒になってしまった。姉弟達は互いの真っ黒な顔を見て笑いあった。

　これが加納剛太の人生で最も古い記憶である。７歳の頃のことだ。

しかし、このかすかな記憶が、自身の物なのか、それとものちに姉が記した満州ハルピンからの引き揚げ記から、想起して作り出した記憶なのか、それは定かではない。

あるいは、自身の記憶を抑圧してしまっているのかもしれないとも思う。なにしろ第二次世界大戦終戦直後、満州からの引き揚げである。父の仕事の都合で一家そろって暮らしていたハルピンから幼い子ども4人を含む家族で引き揚げてくるという苦難下での記憶を封印してしまっていてもなんら不思議はない。

加納の3歳年上の姉、孝子がハルピンからの引き揚げを手記にまとめたものからその苦難の道筋をたどってみたい。

昭和20年の春、一家は満州ハルピンへと移り住むが、その頃すでにアメリカ軍による本土への空襲が始まっており、日本は敗色濃厚であった。一家が日本からハルピンへ送ろうとしていた家財道具も空襲により、大阪駅ですべて灰になってしまう。そのため一家は、手持ちの荷物のみで異国の生活を始めざるを得なかった。それでもまだ、加納一家がハルピンで生活を始めた頃は、暖炉のある大きな家で北京ダックなどを口にできる余裕もあったようだ。

ところが8月15日、日本が降伏を決めた日から一家の苦難の日々が始まった。当時、開城という土地に一時避難していた一家であったが、加納自身は赤痢にかかって苦しんでいた。加納が回復するのを待って一家は、ハルピンへと戻ってきたが、もと暮らしていた家には、ロシア人と日本人、両方の兵隊が暮らしていたという。おかげで一家は狭い一部屋を全員で使うことになったが、ロシア人たちは、子どもたちをかわいがってくれたようである。しかし、帰国のタイミングを待っている間には、また別のロシア兵たちが土足で踏み込んできて、

身ぐるみ剥いでいったこともあった。そのとき、加納の母は、カーテンで子どもたちの服を夜なべをして作ってくれたそうだ。

　残留者の帰国手続き等のお世話をする居留民会の残務処理のためしばし滞留する決心をした父を残して、母と幼い四人の子どもは先に港へと向かうことになった。それは辛く困難な旅となった。

　三歳の弟は母がおんぶして歩いたが、加納と二人の姉は自らの足で歩かねばならなかった。長い道のりである。歩いたのは道だけではなかった。山の中や川、池をわたることもあった。まだ小さかった下の二人を皆で支えてなんとか泥水を渡りきったが、同行者の中には溺れて命を落とす者もあったという。約1ヶ月にも及ぶ加納たちの逃避行を支えたのは、歌であった。歌好きであった母の影響で、二人の姉は道中、懐かしい日本の歌で周囲の人々を元気づけたそうである。

　中国のどこの港から船に乗ったかは定かではないが、合流が叶った父親も共に九州の佐世保港へと加納一家が乗った船が着いた。しかし祖国の大地を目前にしながら、引き揚げ船の中でコレラが発生したことにより、福岡の沖で加納たちの乗った船は40日間も上陸を許されなかったという。閉鎖空間の中で精神的に追い詰められていく引き揚げ者たちの気を晴らそうと、船の看板でのど自慢大会が催され、加納の二人の姉が見事なコーラスを披露し、アンコールの拍手喝采を浴びた。

　ようやく上陸が許され、博多に住む親戚が一家を出迎えてくれた頃、加納は八歳の誕生日を迎えた。7月の終わり頃、ハルピンを出てから約3ヶ月。長く困難な旅であった。

　しかしこの旅のことを列車のあやふやな記憶以外はほとんど覚え

ていないと加納は言う。

　彼が明らかに自分自身の記憶であると認識しているのは、ほうほうのていでたどり着いた祖国日本の大阪駅での出来事である。

　引き揚げ船内では、食料は十分にいきわたるわけもなく、船内に閉じ込められた人々の栄養状態はひどいものだった。

　ようやく上陸を果たせたが、焦土と化した日本国内も船内と同じような状態であった。そんな中、ようやくたどりついた大阪駅で、加納たちは、もはや動くことすらままならず、駅の地下通路に座り込んでしまった。浮浪児と見間違われるようなボロボロの着のみ着のまま、薄汚れた体。もう立ち上がる気力すらも失いかけたとき、小さな奇跡が起こった。

　一人の婦人が彼らに、乞食にめぐむかのように、おむすびを分け与えてくれたのである。

　加納はその出来事だけは、鮮明に覚えているという。実は姉の手記にはこの出来事に関する記載が見当たらない。しかし、加納にとっては忘れられない出来事として記憶に残っているようだ。よほどうれしかったのであろう。

「あれがなければ、あのまま行き倒れていたかもしれん。あまりに疲れて汚いかっこうだったから、私たち一家のことをおそらく乞食だと憐れんでくれたのだろう」

　こうして見知らぬ婦人の情けによって、ふたたび歩く力を得た一家は、豊中へと向かった。その地に暮らす母の弟の家を頼ることになったのである。

　しかし、一家にとって、そこで苦難が終わったわけでは決してなかった。居候の身であり、できることは限られているが、食べるために

小学生の頃。一番高いところ
に座っているのが加納
大坂豊中市にて

誰もが必死にならなければならない時代
であった。加納は、帰国直後は小学校に通
うこともできず、日中は牛の糞を拾って
すごしたという。二人の姉と加納が糞を
拾い、母がそれを売りに行くことで一家
はかろうじて糊口をしのいでいたのだ。
「固い糞を見つけるとうれしくてね。持
ちやすいし、手も汚れないから。子供心に
固い糞はいいものやと思っていた」

　加納は、当時の思い出をそう語った。そ
んな苦難に満ちた少年時代であったが、
しばらくすると、ようやく一家は息がつけるようになった。加納少年
も５年生頃からは小学校に通えるようになったのである。

　とはいえ、加納少年だけが特別だったわけではない。当時の日本に
は、彼のような貧しい少年がたくさんいた。中には、駅で栄養失調の
ため行き倒れになってしまった子供たちもたくさんいたのである。

　そんな苦しい経験が、戦前・戦中生まれの日本人の中に、ある種の
強さを生み出したと言って間違いはないと思う。

　加納の両親は共に広島の出身である。加納家は、出石藩（現在の兵
庫県）の武家の末裔であり、広島で醤油製造業を営む家柄であった。
加納の母親は陸軍大将の娘であった。こちらも武士の家系であり、祖
先をさかのぼると尼子家再興を願って「我に七難八苦を与えよ」と月
に祈ったことで有名な山中鹿之助にいきつくという。両親が結婚し
たときは、醤油屋の倅が陸軍大将のお嬢様と結婚したと地元でたい
そう話題になったらしい。父親は、真面目を絵に描いたような人柄で、

実直に銀行勤めを果たしたという。対して母は勝ち気で、子供にも厳しかった。

　そんな両親のもと、１９３８年１０月２日、加納剛太はこの世に生を受けた。出生地は、兵庫県芦屋市という高級住宅街である。父親は住友銀行で働いていたが、やがて系列の住友金属へと出向になり、満州鉄道での仕事に従事することになった。そのため加納の一家は、当時日本が占領していた中国大陸の満州ハルピンへと移り住んだのである。

　ハルピンでの暮らしを加納はほとんど覚えていないという。ただ姉の手記によると、暖炉のある大きな家で暮らしていたとのこと。食べ物はシャンピンというとうもろこし粉を薄く焼いたもので野菜や肉などを巻く大陸様の物が食卓に並んでいたようだ。また寒さが厳しかったことから、綿の入った中国風の綿入れを着て寒さをしのいでいたとも。

　どこか、あいまいなハルピンでの記憶がモノクロ調だとしたら、加納少年の記憶がカラフルに色づくのは、やはり小学校や中学校に通いだしてからのことである。

　当時から負けん気が強かったという加納少年のエピソードを一つ紹介しよう。加納少年は、あるとき、いきなり井戸の内側にぶら下がったことがあった。誰かと喧嘩した末のことか、あるいはただ目立ちたかっただけなのか、理由は定かではない。深い井戸のことだ。手を離せば一巻の終わりである。しかし、周囲の「アホなことはやめろ」との声には一切耳を貸すことなく、彼は自分が納得するまで井戸のふちにぶら下がり続けたという。加納はそう語ったあと、付け加えた。「遺伝ということがあるのかどうか、私の息子が小学生のころ、同じ

ように学校で気に入らないことがあったらしく、教室の窓から飛び降りると周囲を脅していたらしい。家内が『お父さんの血を受け継いで』と、こぼしていたことがある」

　どうやら二代にわたり、血気盛んな性質が受け継がれたようである。

第2項　勉学に励んだ青春時代

　中学生の頃には、父親の勤める住友銀行の社宅で暮らしていた。当時通っていたのは、豊中第一中学校である。中学時代の彼はテニス部に所属していた。負けず嫌いぶりを発揮して、テニスの練習にもかなり打ち込んだようである。また、この頃テニスに親しんだことがきっかけで、加納は今でもテニスを愛好している。

　この頃、加納は初恋を経験している。相手は同じテニス部に所属していたKさん。お互いに好意を持っていたが、うぶな中学生のこと、特にデートをすることもないまま中学を卒業してしまう。ところが、豊中高校に進学した加納は、彼女のことを忘れられず、ある日ラブレターを書いて出した。すると、彼女にはもう他に付き合っている男性がいたようで、加納の恋は悲しい結末となってしまったのである。

「負け犬ですわ」

　と、当時を振り返って加納は自嘲めいた笑いを浮かべた。

　しかし、Kさんとは縁があっ

高校生の頃。豊中高校の友人たちと

たようで、今から十年ほど前に友人が偶然にも消息を伝えてくれ、再び親交を結ぶこととなった。以来、食事をしたり年賀状での付き合いがある。仕事、プライベート問わず、人との縁を大切にするのは、加納の美点でもある。

　なお高校生の頃に父親の転勤に伴い、加納は一時期、九州の大分で暮らしている。ところが、都会育ちの加納にとって九州の風土はどうも肌になじまなかった。学校では教師に反抗的な態度をとりがちだったという。そんな風であったから学校は通うだけは通っていたが、主には放課後の塾と家庭教師に学び大学受験に備えた。何事も自分の意思を中心として物事をやり遂げたいという加納の頑なな性格の一端が見て取れる。

　自主的な勉強を積み重ねた結果、加納は１９５７年、大阪大学に合格を果たした。大阪大学は、言わずと知れた旧帝大の難関大であるが、これには母親の意向が大きく影響しているという。陸軍大将の娘として育った母は、いわゆる教育熱心なタイプで、加納に対して、いい大学に入り、大手企業に就職することを期待していた。幼い頃から数

大阪大学入学前の加納

学が得意だった加納は、母の期待通りに大阪大学に合格する。そして、当時、注目されていた電気工学を専攻する。

　ところで、大学時代に加納の将来を運命づける一つの出来事があった。大阪大学工学部には加納が入学した当初、電子工学科は存在していなかった。そのため加納は３年次までは電気工学科生として学んでいた。しかし、大学四年生のときに、大阪大学に新しく電子

中井研究室にて電子工学を学ぶ

工学科が誕生することとなった。そして、加納が師事していたゼミの中井順吉先生が新しく電子工学科教授に就任したのである。時代の変化は、加納の人生にも少なからず影響を与えた。

　中井先生から、電子工学を学ぶよう誘われた加納は大学四年生の卒業研究から電子工学の道へと分け入ることになった。電気工学科に入学した加納は、電子工学科の"マイナス一期生"として大学を卒業した。加納の言う"マイナス一期生"というユニークな呼称であるが、これは加納たちの代までは電気工学科で入学しているが、加納のすぐ下の学年が電子工学科一期生となったため、加納は自らを電子工学科マイナス一期生と称したのである。

　卒業を前にした加納に対して、中井先生は、ぜひ大学院に残り、研究を続けるよう勧めた。しかし、この電子工学という新しい学問が加納に別の道を示す。

　当時、半導体というパーツが世の中に出てきたことで、電灯の製造から一大家電メーカーへと成長しつつあった松下電器が、１９５２年オランダのフィリップスとの合弁会社で松下電子工業を設立した。その草分け的存在として現地オランダに赴き、半導体の製造につい

台湾にて学会発表
中井順吉先生（一番右）と共に

て学んできたのが加納の義理の兄である木村英俊であった。

「君はもう卒業したら松下に来る運命になっている」

　そう義理の兄からくどかれた加納は、大学での研究者の道ではな
く、松下に入社する道を選ぶ。当時、松下電器は有名大学出の学生を
喉から手が出るほど欲しがっていた。

　松下電器といえば、誰もが創業者である松下幸之助の名を思い浮
かべるであろう。小学校もろくに出ていないにもかかわらず、裸一貫
で電球を作るところから、ついには世界にその名がとどろく巨大企
業グループを作り上げたことから「経営の神様」の異名で呼ばれるほ
どの人物である。

　松下電器の経営陣にはもともと、幸之助以下、大学出の人材が少な
かった。それでも、昭和初期のモノづくりにはさして影響はなかった
のである。ところが、戦後の世の中に半導体なるものが誕生する。や
がて、このパーツがあらゆる家電に組み込まれてくるということを
予感した幸之助は、学がある人間が必要だと痛感したのである。

　ちょうど加納が大学を卒業する頃の松下電器は、とにかく有名大
学の人材を集めようと必死であったから、就職試験を受けて選別さ
れるなどといったことは一切なく、加納のこともまるで大学から奪
い去るかのようにスカウトにきたという。

　この就職話には加納の母親も大喜びで賛成したそうだ。というの
も、この頃になると松下電器産業は、関西でも人気の就職先となって
いたからである。当時数千人の学生が就職試験を受けに来たと幸之
助が海外メディアに語ったという話が残っている。

　また、加納の父親の勤め先である住友銀行の元上司が、たまたま松
下電子工業の副社長に就任するという偶然も重なった。こうして1

９６１年、加納は松下電器産業に入社し、松下電子工業勤務となる。奇しくもこの年は、松下電器産業の創業者である幸之助が社長を退き会長となった年でもある。

第2章　かけだし研究者

第1項　進むべき道を探して

　松下電器産業は、「ナショナル」のブランドネームで高度経済成長期の日本を支えてきたが、創業者である松下幸之助は、小学校しか出ておらず、自宅で細々と電灯のソケットを作るところから会社を興したことはよく知られている。自らに学がないことを自認していた経営者は、新しい潮流に対して非常に貪欲であった。欧米で半導体なるものができたことを耳にした幸之助は、それがどういう類の物かはわからずとも、これからの松下に絶対必要になると確信し、すぐさま動いたのである。

　一から日本で研究するよりも、先行している国のメーカーと手を組んだほうが早い。幸之助はそう判断して提携先を探した。当時、半導体の研究が最も進んでいたのはアメリカであったが、松下はオランダのフィリップスと提携をすることになる。その理由については、幸之助自身がアメリカとオランダを視察した結果、オランダ人のほうが日本人の精神性に近く互いに理解が深まりそうだと感じたからだと言われている。またフィリップスは、家電製品の製造を中心に行っており、業務内容的に松下と近かったからという理由もあった。

　松下電器とフィリップスの合弁会社は、松下電子工業という名前で誕生した。松下が６５％、フィリップスが３５％の割合で、資本金６億６０００万円と、本体の松下電器産業（資本金５億円）より資本金が大きくなった。松下電器産業にとっては、大勝負であった。

のちに松下電子工業社長となった三由清二に対して、幸之助は

「三由君、うちは遅れているから、しっかりした者を大学から採用し

てきて、オランダに習いに行かせよ」

　と指示をした。松下幸之助の右腕と呼ばれ、信頼が厚かった三由も

中学出であった。このとき三由は東北大学の電子工学出身の研究者

を中心にオランダに派遣している。しかし、合弁会社といっても当初

は、技術力の差が大きく、オランダのフィリップスの工場に赴いた松

下の研究者たちは、まずはモンキーピンセットの使い方を教えても

らうなど、まさに一から学ぶといった様相であった。

　彼らが持ち帰った技術により、ゲルマニウムラジオが製造された。

ナショナルラジオというネーミングで、当時、飛ぶように売れたとい

う。

　家電業界においても、他社の製品をヒントに改良したものを販売

する手法から、マネシタと揶揄された松下電器であったが、こと半導

体においてもとにかく他者から学ぶことを第一義に据えたのである。

しかし、この方法は手先は器用だが創造性に欠ける日本人にとって

は、適切な方法だったと言えるのではないだろうか。戦後、何もない

ところから欧米のキャッチアップを目指して日夜働き続けた日本の

技術者たちの姿について、加納は次のように語っている。

「あの頃の人たちは必死に欧米から学んだ。徹底的にバカになりき

って学んだものだ。血と汗と涙を流しながら。だって日本には他に何

もなかったんだから。だから欧米に追い付くには、その方法しかなか

った」

　戦後の焼け野原となった日本には、一から新しいものを作る余裕

などなかったはずである。それよりも今ある技術を改良して、よりよ

いものを作っていく。これが、戦後日本の復興には最適のルートだったと言えるのではないだろうか。

その証拠に、十数年後に見学に訪れたオランダの技術者たちが、松下電子工業の技術が自分たちの技術をはるかに超えていることに舌を巻くことになる。

ある程度、自分たちの技術が確立した時点で、欧米の技術を学ぶだけではなく、独自の技術開発をめざそうと、松下電子工業の中に、研究所が設立された。そのため、学術的な知識を持った人材が必要となる。当時、東北大学電子工学科を創設した小池勇次郎がブレーン的な存在として、中央研究所所長を拝命し、松下幸之助を支えていた。小池は、東北大から電子や通信に強い人材、穂積英夫をつれてきた。穂積はイギリスに留学経験もある紳士的な学者肌の人であった。一方、地元の京大からは、物理学を専攻していた水野博之が招かれた。水野は加納が入社した頃にはすでに研究所の副所長を務めていた。のちに水野は松下電器産業の副社長のポストにつき、技術部門を統括する立場となっている。加納にとって良き上司でもあり、生涯の盟友となっていく。

また大阪大学からは通信工学を学び、電電公社に勤めていた加藤義郎が呼ばれた。こうして、松下電子工業には、京大、東北大、大阪大といったそうそうたる大学から綺羅星のごとく若い人材が集められたのである。

さて、松下電子工業に配属された加納に話を戻そう。大学を出たばかりの加納にとって、新しい職場とはどのような場所であったのだろうか。そう問いかけると加納は苦笑をした。

モリブデンとシリコンのショットキー
ダイオード実験装置

「何をしていいかわからん
かった。あの時期はつらかっ
たなぁ」

　経営を担っている上司や
先輩は、大学を出ていない者
も少なくなかった。ゆえに経
営側から研究に関する指示
が下りてくることはなかっ
た。他方、学者肌の先輩上司
たちからは、「研究者たるもの自分でテーマを考えて取り組むものだ」
と言われるだけであった。教授からの指示を仰いで研究に励んでい
た大学とは異なり、会社という場所は、加納にとって何も道しるべの
ない不毛の未開拓地であったのかもしれない。

　さらに、家に戻れば厳しい母が、「とにかく職場で功を成せ」と加
納に迫る。いい大学を出て、いい会社に就職したならば、成果をあげ
て役職をつかめと言わんばかりに、ただひたすらに向上を望む厳し
い母親であった。会社では途方にくれ、家に帰っても息が抜けない。

加納はこの頃が企業人人生の
中でも、特につらかった時期で
あると述べている。

　一方、プライベートでは、好
奇心旺盛であった加納は、奈良
にあったバイオリン教室へ通
いはじめた。そこで彼は運命の
出会いを果たすのである。のち

妻　弘子との出会いの場となったバイオ
リン教室

に妻となる女性、弘子との出会いであった。当時、弘子は奈良女子大に通っており、著名な数学者、岡潔のもとで数学を学んでいた。弘子は、すでに高校教師の資格を取得し、兵庫県の高校で教師となることが決まっていた。ところが、加納たちが恋に落ちたことを知った二人の母親同士が話し合い、二人を結婚させようとすんなり話がまとまっていく。弘子は、岡山藩の藩医を務めたほどのれっきとした家柄の出身であり、加納の母のめがねにもかなったのである。恋に燃え上がっていた加納と弘子にとっても、結婚に反対する理由などどこにもなかった。そして、１９６７年、二人は結婚する。

　ただし、加納家の嫁になるために、弘子は決まっていた就職を断念せねばならなかった。「郷に入れば郷に従え」とばかりに加納の母が兵庫県の教育課に自ら足を運び、弘子の就職の話を破約してきたのである。教育者を目指し、大学で学んでいた弘子にとって苦渋の決断であったことは想像に難くない。しかし、のちに述べるように弘子の決断なくしては、この物語は成り立たなかったと加納は断言する。弘子は家庭を守っただけではなく、加納のビジネスパートナーとしても、存分に力を発揮した。来日したビジネス相手をもてなすのは弘子の役目であった。弘子は、心づくしのもてなしで、国際交流の場面においても素晴らしい活躍を果たしたのである。弘子の貢献について加納は

「私以上に意義ある仕事をしてくれた」

　と、深い感謝に裏打ちされた賛辞を取材中、何度となく述べている。

　また、教師という夢を弘子が断念したときのエピソードを語った際に加納は、妻の心中に思いをはせ、

「本人はどう思っているのかわからないが、それから子どもができ

て、主婦業一筋でがんばってきてくれた。高校の先生になるはずだった人生が、私との出会いで大きく運命が変わってしまった。姑であるうちの母にもずいぶん尽くしてくれた」

と、語ってから小声で「あのお姑さんとやっていくのは大変だったろう」と感慨深げに言葉をもらした。

ほどなくして加納は、京都の南、長岡京市の両親の家の近くに自宅を構えた。歩いて数分の距離にあった両親の家には茶室がしつらえられていた。趣味のお茶をたしなむ母親のための一室であったが、この茶室が、のちに海外からの来客をもてなすために非常に役立った。カルロスをはじめ、ラリー・ウェーバーやテレサ・メングなど、ビジ

テレサ・メング先生と京都長岡京の自宅にて

ネスやプライベートにおいて、日本の伝統文化である茶道を通じて国際交流がはぐくまれたのである。そのため加納の家では常に英語が飛び交う国際的な雰囲気がただよっていた。加納の三人の子供たちはそうしたグローバルな空気の中で育っていったのである。

さて、プライベートでは、生涯の伴侶を得て、充実した加納であったが、仕事の上での成果はなかなか形にならなかった。思い悩んだ加納は、藁にもすがる思いで、母校、大阪大学の大学院で学びたいと会社に申し出ている。大学院では、かつての恩師、中井教授の元で、ショットキーデバイスについて研究を重ね、多くの論文を書いた。

この研究テーマで１９７０年に博士号を取得している。この時、加

松下正治社長より博士号取得の祝辞を
受ける（社長室にて）

納は寸暇を惜しみ、朝から夜遅くまで精力的に勉強に取り組んだ。「それはもう、めちゃくちゃに勉強した」と当時を振り返っている。

なお、加納が下書きした博士論文をはじめとする様々な書類の整理やタイプなどの作業をしたのは、妻の弘子であった。加納のためにタイプライターの使い方を習い、家事の合間をぬって大量の原稿をタイプしたのだ。なんとしても博士論文を仕上げたいと熱望する夫に対し、弘子は協力を惜しまなかった。時期的には、出産、子育てと主婦にとっては横になる間もない多忙な日々である。しかし、弘子は会社から疲れて帰ってきた夫を休ませるために、赤ん坊が泣けば背負って外にでてあやし、そっと寝かしつけ、その後、タイプライターに向かい、また朝になれば夫のために朝食を用意するというハードな日々を過ごした。この弘子の献身的かつ並外れた仕事ぶりに加納はずいぶん助けられたと、今なお感謝し続けている。

加納が我が道を模索を続ける中、１９６８年、ソニーの若手研究員、山田敏之が磁気に反応する半導体を開発し、ソニーマグネットダイオードと名付けたというニュースが報じられた。加納が主任になる直前のことである。新しいダイオードを発明したのは、自分と同じ年ごろの研究員だと知った加納は、激しいライバル心を燃やす。

松下電器にとってもソニーはライバル会社である。どこか都会的な雰囲気を感じさせるソニーに対して、水道哲学なる理念のもと、蛇口をひねれば水道の水が低いところに流れるように、安くてよい品

を大量に市場に売りさばくことを是とするような関西らしさを前面に押し出した松下。また、ソニーの創業者である盛田昭夫や井深大が大学出で技術的な知識も豊富であったのに対して、松下の創業者である幸之助は小学校すら満足に卒業していないなど、企業カラーも対照的であった。

　ソニーが、大々的にマグネットダイオード発明をマスコミにアピールした後、当時松下電子工業の社長であった藤本一夫は、松下幸之助に呼びだされ「何しとるんや。ソニーがすごい発明をしているのに、君らはなにしてるのか」と叱責を受けた。その叱責はそのまま藤本から、加納たちのところへ降りてくる。

　当時、松下電子工業では、ラジオが売れていたことから業績は悪くなかった。しかし、未来に伝わるべき研究成果は出ていなかった。そのため研究所員たちは「金だけ使って何も成果が出ないやないか」というような叱責を受け続けていた。とくに、加納は研究者の中でも一番若かったため何かと怒られてばかりであった。

　ところが翌年、とうとう加納は大きな発明をやってのけた。ソニーの磁気に反応する半導体に対して、加納が発明したのは、圧力に反応する感圧ダイオードである。

「ソニーマグネットダイオードに勝るとも劣らない画期的な発明だ」

　松下電子工業は、この成果をもろ手をあげて歓迎した。そして、大きな成果だとして、ソニーに負けないように大々的にマスコミを呼び、記者会見などを行った。ところが、

「これが、まったくのインチキ大発明やったんです。もちろん自分ではインチキのつもりはなかったけど」

　加納は当時を振り返り、そう苦笑いを浮かべた。

　残念ながら、圧力に反応するダイオードとは、画期的な発明ではなく、誤認識だった。圧力に反応していると見えたのは、じつは圧力でシリコンを押さえてつぶしていたにすぎなかったのである。物理的に圧力効果というものは存在するが、加納のそれはシリコンが圧力に反応していたのではなく、押さえて壊していたのである。

　本人はそれに気づかなかったが、加納の周囲もこれを大発明だと信じて疑わなかった。そのためマスコミへの発表の後は、大阪万博に出展した松下館の目玉展示の一つでもあったタイムカプセルに、この感圧ダイオードが入れられることになったほどである。

　このとき、まだ真実に気づいていなかった加納は、意気軒昂であった。この成果を客観的なものにするために、学会で認められる必要があると自ら上司に直談判したのである。

　その頃、日本各地の大学には電子工学を学ぶ学科が続々と誕生していたが、日本において半導体研究で突出していたのは、やはり東大の電子工学科であった。東大電子工学科の菅野卓雄先生とは、電子通信学会を通じて親しくしていたこともあり、加納はすぐさま菅野教授に感圧ダイオードについて報告を行っている。すると、菅野からアメリカの電子学会の中にある個体素子、集積回路国際会議（ISSCC）でその成果を発表してはどうかという提案があった。当時日本の先端を走っていた東大教授であっても、この発明の真偽を見抜くことができなかったのである。

　なにはともあれ、加納にとっては願ったりかなったりであった。IEEE の中にある ISSCC という会議は、半導体の中では世界最高の権威である。そこで初の日本代表として学会発表を行うことになった。１９７０年、加納が３０歳にさしかかった頃のことであった。こ

IEEE コンベンションにて感圧ダイオードの展示公開（ニューヨーク・コロシアムにて）

のとき加納自身の仕事には直接関係しなかったが、ベル研究所のウィラード・ボイルのチャージ・カップルド・デバイス（CCD）に関する発表を聞く機会に恵まれた。

CCDとは、日本語の電荷結合素子を略したものである。ビデオカメラやデジタルカメラに使用されており、おおざっぱにいえばアナログカメラにおけるフィルムの役割を半導体に置き換えたものである。光を電気信号に変換する半導体センサーと言えばわかりよいであろうか。

アメリカと日本では約１２時間の時差があるが、現地から日本各社の研究員がこぞって、学会で発表されたCCD研究成果を電話やファックスで日本へ報告している。加納も会社にすぐさま報告を入れたが、すぐに会議が招集されほどであった。当時からNHKとの関わりがあり、テレビカメラ用の撮像管を供給していたこともあり、専門に研究していた技術者もいた。

CCDの研究発表からほどなく日立やNECといった企業がCCDの研究に着手している。松下では当時、研究所の所長を務めていた水野が、CCD技術に可能性があることを確信し、のちに加納の前任の所長になった寺本巌をメインに据えたプロジェクトチームを立ち上げている。このチームは、独創性を駆使してチャージ・ポンプ・デバイス（CPD）という名称の新しいタイプの撮像チップの開発に成功した。独創性を特に重んじた寺本はCPDの開発に力を入れ、微細加

工プロセス技術の基礎を築いた。多くの博士が誕生したことに加え、1980年代半ば頃には、松下のビデオカメラは、市場における勝ち組となったのである。

第２項　アメリカとの出会い

ISSCCでの渡米時に立ち寄ったペンシルベニア大学にて

この時の渡米は、約６０日間にも及んでいる。会社としても若い研究者の栄誉だとして全面的にバックアップをしてくれ、ペンシルベニア大学やスタンフォード大学なども見て回る機会を得られた。

渡米に先立ち加納は、ニュージーランド出身の英会話講師から英語を学ぶなど、渡米というまたとないチャンスを絶対にモノにしてやろうという意欲を見せている。

その甲斐あってか、アメリカではスタンフォード大学のジェームス・ハリス先生と懇意になることができた。そしてこのとき、加納が結んだスタンフォード大学と松下電器との縁は深く強い絆となった。その後、松下からスタンフォード大学へ続々と留学生が赴き、最先端の研究を学んでくるようになった。この留学は、つい最近まで続いていたという。

加納は初めて訪れたアメリカという国に大きな感銘を受けた。アメリカの研究に対する開かれた環境やコミュニケーションの自由さ、そういったものが加納の目にはたいそう新鮮に映ったのである。年

功序列が当たり前で、上司の言うことが絶対である日本とは、１８０度違う世界がそこには広がっていた。年齢や地位にかかわらずアメリカの学会では、自由闊達な議論が行われていた。そして研究者たちは、老いも若きも何ひとつはばかることなく情熱を前面に押し出して研究に熱中していた。

　負けん気が強く、身中にあふれんばかりの熱情を秘めていた加納にとって、アメリカの研究者たちの姿はまさに自分が夢に描いていたものだったのである。権威主義や縦割組織、全体主義といった側面を持つ日本の閉鎖的な社会は、加納にとって若干、窮屈なものであったのだろう。

　大学以外にも、GE（ゼネラル・エレクトリック）社、RCA研究所やヒューレット・パッカード社の工場、そしていくつかの小さな企業を訪ねている。この中でもニュージャージーのベンチャー企業が特に印象深かったようである。大企業を辞めた若い５人の技術者が設立した会社であった。大企業という大樹の下での成功という道しか見てこなかった加納にとって、起業というスタイルを目の当たりにした瞬間であった。

GE（ゼネラル・エレクトリック）社を訪問
ニューヨーク・スケネクタディにて

　この他にも加納にとって幸運な出会いがあった。長きにわたって友情をはぐくむことになるキリット・パテルとの出会いである。彼とは、ペンシルベニアの国際会議ISSCCで知己を得たのであるが、自身が働くヒューストンにあるテキサス・インスツルメンツの工場に

加納を招待するなど、親切にしてもらった。その工場では、当時、世界で主流となりつつあったトランジスタ・トランジスタ・ロジック（TTL）というチップを製造していた。このチップに可能性を感じた加納は、最新のショットキーダイオードが集積されたものを日本に持ち帰った。

　帰国した加納は、このTTLを活用できないかと考えた。ところがあいにく松下は１９６４年にコンピュータ事業から撤退していたために、このチップをダイレクトに活用できる見込みはない。そして、松下の半導体事業部では、アナログの素子を家電製品に用いる研究を行っていた。

　しかし、加納には予感があった。ショットキー・ダイオードを集積したデジタル回路がやがて家庭用の家電製品や産業機器に組み込まれてくるだろうと予測したのである。そのために、松下の半導体事業部をアメリカのようなTTL技術によって、拡大できると確信したのである。

　そう気づいた加納はすぐさま行動に移った。研究所所長の水野にかけあい、自分を半導体事業部に異動させるよう迫ったのである。水野には、引き留められたが加納は自前の頑固さを発揮し、１９７１年、晴れて長岡京市の半導体事業部の研究員というポジションにおさまった。前年度に博士号も取得し、アメリカで最先端の半導体分野に触発された加納は、やる気に満ちていた。

　ところが、残念なことに日本は、妬みと嫉みの国であった。半導体事業部では、加納がアメリカから持ち帰った最新の知識に興味を示す者はなく、上司も加納の研究に対してサポート体制を整えるどころか「やりたいなら自分で勝手にやれ」と至って冷淡であった。

加納はしかし、そんな周囲のあしらいに屈することなく、アメリカから持ち帰ったTTLチップを解析し、複製を試みるなど、一人もくもくと研究に打ち込んだ。しかし孤独というものは、ときに人を迷わせるものである。周囲の理解を全く得られないどころか、どこか冷たい目線を浴び続けた加納の脳裏にアメリカで目の当たりにした光景がまぶしくよみがえる。

　誰もが地位や年齢など気にせず、よりよい技術をつくり出すというたった一つの目的に向かって自由闊達に議論を交わしていたこと。仕事への情熱を前面に押し出すことに誰もが何のてらいもなく、自分の研究に確たる自信と誇りをもっていたこと。

――自分が輝ける場所は、かの地ではないのか――

　若い加納がそうアメリカに対して憧れを持ったとしてもなんら不思議はない。あふれる思いを押さえきれず、加納は独断でベル研究所のポストドクター職に応募したのであった。ベル研究所は１９２０年に設立された世界でも指折りの研究施設であり、これまでノーベル賞受賞者を多数輩出している。１９５６の年ショックレーらによるトランジスタの発明もこの研究所で行われたものである。加納にとっては、まさに夢とロマンが輝く場所であったのだ。

　やがてベル研究所の台湾人研究者サイモン・シーから加納に向け、「ベル研究所の人事部に連絡を取るように」という返事が届く。加納にとっての夢への扉を開くときが近づいたのだ。しかし、いざ夢の扉を目の前にした加納はふと我に返った。自分が負うべきいくつもの責任について思いが至ったのであった。

　自分には守らねばならない家族があること、日本に両親を残していかねばならぬこと、そして何より、ベル研究所で働くためには、松

40余年後に台湾の大学にてサイモン氏と偶然再会（右端）、台湾国立交通大学にて

下電器産業を退職しなければならないこと。当時の日本人にとって、会社は一度入ったら、定年まできっちりと勤め上げることこそが王道であった。途中で退職したり転職をする者は、異端あるいは落伍者とみなされる風潮があったのである。現に加納の父親も一生を銀行に捧げ、実直に勤め上げている。

　こうした現実が一気に加納に襲い掛かってきた。もし仮にベル研究所でポストドクターの職に就くことができたとしても、その先はどうなるかわかったものではない。実力主義のアメリカでは、ある日突然レイオフされ職を失うことは、ごく当たり前のことであった。安定を取るのか、それとも夢の実現のために冒険すべきか、悩んだ加納が出した結論は、家族を守るために松下に残るという選択であった。

生涯を通じての趣味であるテニスを子どもたちと楽しむ、京都長岡京市にて

　現実に戻った加納は、潔く水野に頭を下げ、松下電子工業の研究所に戻してもらえるよう頼んだ。水野が、再び快く自分を受け入れてくれたことに加納は強い恩義を覚えた。

第3項　役に立たない発明

JUSITA という米国の特許に関する検索ウェブサイトがある。これに加納の名前を入れると、たくさんの米国特許が打ち出されてくる。研究を始めたばかりの加納は、とにかく数多くの特許を出すことが自分の仕事だと考えていたようである。「後になって、よく見てみると、なんと役に立たない発明が多かったことか」と加納は当時を述懐する。

１９７３年加納が３５歳になったとき、新しいダイオードを発明した。加納は、これを「役に立たない発明だった」と切り捨てるが、一概にそうとも言い切れない。ラムダダイオードと名付けられたこの発明の経緯を見ていこう。

この当時、加納は自らの研究テーマを模索していた。あるときアメリカから持ち帰った TTL チップに関する研究を思い立つ。まずはチップのパターンを写し、解析に取り組んだ。ところが、オシロスコープで調べたところ謎の現象が見つかった。加納の発明したダイオードは、この年ノーベル賞を受賞した江崎玲於奈が発明したトンネルダイオードと同じように負性抵抗という特性を持っていた。この珍しい特性を示すダイオードをその波形が「Λ」という文字に似ていることから加納は「ラムダダイオード」と名付けた。

加納は、このラムダダイオードについて多くの論文を執筆した。物理学者でもある上司の水野は、このダイオードに興味を示し、のちに自らも物理学的な知見に基づいた論文を執筆している。そんな水野の後押しを受け、感圧ダイオードのときと同様、加納はこの成果をアメリカの学会誌に発表した。すると科学誌がその記事を掲載し、画期

的な発明であるとの評価を得た。加納自身は、ノーベル賞にも匹敵するとまで自信を膨らませた。

ところが、よくよく調べてみると、チップのパターンを写している際に、ミスが発生していた可能性がでてきた。とはいえ理論上は必ず実用化できると信じた加納は、工夫をこらし回路を新たにつくってみると、その特性が見事に現れたのである。電池が減ってくると、点滅するというラムダダイオードの特性をなんとか商品に活かすことはできないか、加納は必死に知恵をしぼった。そして思いついたのが、カメラのバッテリーチェッカーというアイデアだった。努力の甲斐があって最終的に小西六写真工業の写真機のバッテリーチェッカーとして、量産にこぎつけることができた。じつにこれが、研究所にとって初めての商品化となった記念すべき成果であった。

また、水野がこの原理を物理学会誌に論文として発表したのをはじめとして、古池進が博士号をとった際の論文もラムダダイオードがテーマであった。他にも数人の部下がこのテーマに基づいた論文を執筆し、博士号を取得している。加納の発明したラムダダイオードは、ダイオードの発明史に確かな爪痕を刻んだのである。

この発明をきっかけに加納は、仕事にたいして新しい価値観を見出すことになる。それは、

「机上の研究結果で満足すべきではなく、研究は製品として結実させ、世の中の役にたつものであるべきだ」

と、いう考え方であった。

これ以降、加納はがむしゃらに自分の成果を追い求めるというやり方ではなく、将来、世の中の役に立つかどうかという目線を大切にするようになる。そして、このことが結果的に彼の勝利へとつながる

のであるが、それはまたのちに詳しく語ることとしよう。

　なお、ラムダダイオードは、のちにカルロスが発明した CeRAM によく似た特性を有していた。そのことも加納が、カルロスの研究に共感をいだき、深い縁を結んだことにつながっている。「いま考えてみ

ると、縁とは不思議にも、ある瞬間の心の感情にその発端があるものだと感じる」という印象を加納は語っている。ラムダダイオードが決して、ただの役に立たない発明だったわけではないことは明らかである。

研究所での成果を発表
松下の社内技術発表会にて

　　　　　ラムダダイオードが、スイッチング回路発展の歴史に残した確かな足跡についてまとめておこう。

　まずは英語版の Wikipedia から。ラムダダイオード (Lambda diode) は、回路図とともに、その概要が記載されており、下記のアドレスからアクセスすることができる。

(https://en.wikipedia.org/wiki/Lambda_diode)

　そこには、ラムダダイオードが、江崎玲於奈のトンネルダイオードによく似た負性抵抗を示す2つの端子と、相補的な一対の接合ゲート電界効果トランジスタを組み合わせた電子回路で等価的に構成されることや、ラムダと名づけた本人の加納が語っていたようにギリシャ語のΛという文字に似た曲線を描くことなども、しっかりと記されている。半導体の素材として、ゲルマニウムが用いられていた時代に発明された、同じ負性抵抗という特徴を持つトンネルダイオードが引き合いに出されていることは非常に興味深い。加納は半導体

において、シリコンという素材がまだつかわれなかった時代、ゲルマニウムで研究をするのが私の使命だったと語っているが、まさにノーベル賞を冠する発明と比較されるラムダダイオードを発明したのだ。

このラムダ字型負性抵抗特性の偶然の発見は加納の心を踊り立たせ、大きな夢へ向けた挑戦という心を鼓舞させたことは言うまでもない。のちに加納の上司であった水野が物理学の見地から研究論文という形にし、後世のために残したのはすでに記した通りである。

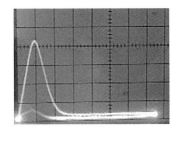

なお、アメリカの特許検索サイトには、ラムダダイオードの特許に関するページ United States Patent: 4117587 (uspto.gov)が存在し、発明者として加納の名前はもちろんのこと、岩佐の名や、松下エレクトロニクスコーポレーションという会社名も、しっかりと記されている。また、１９７５年にアメリカで発行された「Electronics」という電子技術に関する専門誌の第４８号にも「The lambda diode : A versatile negative resistance device」というタイトルで、ラムダダイオードの記事が掲載されていた。当時の加納の発明への注目度がうかがい知れようというものである。

この章の振り返りとなるが、物理学の専門家であった水野のもとへ、当時最先端の技術であった電子工学を学んだ加納が配属され、華々しいエレクトロニクス時代を共に駆け抜けた。二人はまさに、エポックメイキングな時代の転換期を肌で感じていたことであろう。しかし、専門的な技術や研究はときとして孤独な活動となりえる。加

納が発明したラムダイオードの研究をすすめた水野が、物理学的な見地から論文化したものの、それを理解できる人材がいなかったと加納は語る。

　そうした背景を持つ加納だからこそ、のちにカルロス・アラウジョと出会い、同じラムダ型の負性抵抗に関する難解な研究に情熱を持って取り組んでいたことに惹かれたのだ。カルロスの研究もまた難しすぎて周囲になかなか理解してもらえなかった。しかし、加納は直感的にこの研究こそ世界を変えると悟ったのだ。歴史に if をつけて語ることはスマートではないかもしれないが、もしも加納がカルロスに出会っていなければ、ＣｅＲＡＭが形になったかどうか定かではない。カルロスの研究こそ、これからまさに起ころうとしている次なるＩＴ革命へ欠かせざるピースであるが、これについては、のちに第５章の中で詳しく述べたいと思う。

第 3 章　責任ある立場へ

第 1 項　水野との絆

　加納と水野の間には、不思議な絆が結ばれていた。じつは、加納を松下に引き入れた義兄の木村英俊と水野は同期の間柄。ところが研究一筋の水野に対して、木村はフィリップスに派遣され、トランジスタラジオなどの製造を担当してきた。水野が学術畑の人であるのに対して、木村は、いわゆる製造畑を歩みつづけてきたのである。当然、同期入社で畑違いという間柄の二人には、余人にはわからぬライバル心があったはずである。

　となれば、木村の身内である加納に対しても水野がある種の遠慮や先入観を持ったとしても不思議ではなかった。しかし、水野は誰に対しても平等でおおらかな心の持ち主であった。そういうタイプであったから、企業の中でも敵をつくりにくいという特徴があった。

　木村と加納の関係を知っていても、水野は加納に対して全く分け隔てなく付き合ったばかりか、むしろ入社後間もない加納の優秀さに目をつけ、自分の研究のサポート役に任命したほどである。水野は加納について

「加納君みたいな人間がいないと、松下は典型的な日本人の優等生ばかりになってしまうと危惧した」

　と、語っており、加納は組織が硬直化するのを防ぐカンフル剤のような人材だとみていたことが推察される。その言葉のとおりに、水野は加納が直感的に動き出すことを可能な限り支援し、温かく見守っ

ていた。

　のちのち社内でほとんど理解者に恵まれなかった加納にとって、実力者であった水野の庇護を受けられたことは、誠に幸運なことだったに違いない。とかく周囲に敵が多かった加納であったが、水野はそうした上司、同僚たちとは明らかに異なっていた。他方、水野のほうも共に仕事をするうちに、加納の仕事への真摯な姿勢や、先を見通す力、明察な思考力などに全幅の信頼を寄せるようになっていったのである。

　入社して何年か経ったとき、加納は水野と共にアメリカで開催されたIEEEのエレクトロンデバイスミーティング（IEDM）の年次大会に参加している。これは、水野が松下電子工業の社長から命じられたもので、同行者として水野が加納を指名している。この視察は、二人がより互いに対する理解を深めるきっかけとなった。

　のちに加納は

「アメリカ流の良さや悪さというものを技術を通じてみることができた」

　と語っている。このように若き研究者加納にとって、この時の渡米は、アメリカの実像を目の当たりにするまたとない機会となったのであった。

　なお、退職した後も二人の親交は変わらず続いた。それほどまでに、肝胆相照らす間柄となったのである。

第2項　半導体レーザー

　1981年松下電子工業の三由社長は、大阪府高槻市の工場内に

丸い形のレーザが安価で欲しい

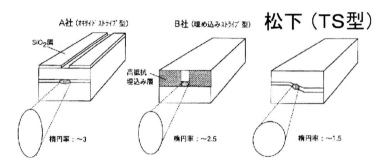

半導体レーザー断面図。他社との違い

世界初の半導体レーザーの製造拠点を作ることに決めた。投資額は当時の研究開発費としては巨額な１０億円もの大型投資であった。この拠点ができるまでには次のような経緯があった。

　半導体レーザーは、松下電子工業研究所の研究者、伊藤國雄が入社以来、一人でコツコツと研究を重ねた結果、形になったものである。７６０ナノメートルと短波長の赤色レーザーは世界でもまだ誰も成し遂げていない画期的な技術であった。しかも、それまでの半導体レーザーは、照射した際の断面が楕円形にしかならなかった。伊藤はこれをレーザーの射出ポイントを斜めにひねることにより照射断面を円形とすることにも成功していたのである。理論上は画期的な発明であった。

　時を同じくして、音楽の世界でレコードに代わる記録媒体コンパクトディスク（CD）の開発がソニーとフィリップスにより進んでいた。簡単に言うと、CDはディスク上に刻まれた微細なデータをレー

ザー光線で読み取る仕組みとなっている。この読み取りのために初期に開発されたモデルでは、ヘリウムネオンレーザーが用いられていたが、筐体が大きくなってしまうことに加えて消費電力が大きく、しかも高価というデメリットがあった。そこでヘリウムネオンレーザーの代わりに半導体レーザーを使えば、これらのデメリットが解消されると期待されていた。

この頃、CDの規格が直径１２センチ、録音時間が７４分４２秒と決まった。これはベートーベンの曲の中で最も長い交響曲第九番の録音時間が指標となったのである。これらの規格に基づいて計算された最適なレーザー光線の波長は、７８０ナノメートルという結果となった。なんと松下電子工業の伊藤が開発したレーザー光線は、この条件にぴったりだった。

そして冒頭の半導体レーザー製造拠点の誕生となるのである。ところが、それまで半導体レーザーの責任者となっていた寺本研究所所長は、事業としての半導体レーザーに対して責任を持つことを躊躇した。研究としての案件と、不良品などの製造リスクを抱えた事業案件とは別物だというわけである。

伊藤國雄さんと旅行を楽しむ

代わりに白羽の矢が当たったのが、加納であった。加納は「研究結果はビジネスとして成り立たねばならない」という決意を胸に秘めていたが、同時に「その結果を負うのは技術者である」という信念ももっていた。

加納にとっていかにリスクが高い事業であっても、火中の栗を拾うことに迷いはなかったのである。

　結果として伊藤が発明したのはとても優れた理論であったが、それ故に量産が難しくもあった。そのことで加納はまた新たな苦労を背負い込むことになった。

　レーザー光源および受光部を CD 用ピックアップと呼ぶが、この部品を生産するために松下は光技術に強いオリンパスと提携した。１９８１年、オリンパスから松下電子工業に１０００個のレーザーのサンプルの注文が入った。

　しかし、あいにく松下電子工業の半導体レーザー工場は、まだ建設なかばであったために、研究所の小さな炉で作業をせざるを得なくなってしまった。また実際に量産に入ってみると、円形のレーザー光を出すための基盤を作ることが非常に難しいということがわかったのである。研究で完成した試作品を量産ベースに乗せる際には、様々な問題が発生してくることがある。得てして研究者は、学会がアッと驚くような発見や論文に注力しがちなのに対して、量産のためには難しい技術よりも、不具合が出にくい工程が重要でなおかつ、品質的に均一な製品が作れることが望ましいからだ。

　工場の完成を待つ余裕はなく、研究者たちが手ずから１０００個のテスト用サンプルを製造にかかった。しかし作業は困難を極めた。納期を大きく遅らせてしまったが、なんとか１０００個を揃え納品することができた。しかしこともあろうに、松下電子工業が納品したレーザーは、半年も経過すると１０００個すべてが不良品として返品されてきてしまったのである。もともとレーザーは湿気に弱く、梅雨の時期には著しく劣化が進む傾向があった。

これには、加納も頭を抱えた。しかし、泣き言を言っているひますら惜しい。

　なぜなら、松下のレーザー使ったソニーの CD プレイヤーの販売開始予定日がとうに過ぎていたからである。しかし、とてもすぐにはレーザーの大量供給はできそうにない。赤字どころか、ユーザーに部品として供給ができかなったことから、ペナルティ（賠償金）まで支払う有様となってしまった。

　ソニーから催促を受けるオリンパスも必死だった。ついには、松下電子工業は、半導体研究所がある長岡京の長岡天満宮に、そしてオリンパスは東京の明治神宮に神頼みをしているなどというたちの悪い冗談がささやかれるまでになってしまったのである。

　松下電子工業の中でもこの状況が問題となり三由社長の後を受けた金沢社長が事態の収拾に乗り出した。その結果、半導体事業部がバックアップをしてくれることになった。また、ようやく待望の半導体レーザー工場も完成した。しかし、そうなっても事態は依然として改善されることはなかった。

　一つには、レーザーが静電気に弱く、静電破壊を起こしてしまうという欠点が明らかになったのである。そのため製品の寿命がわずか一年しか持たなかった。当然のことながら、製品の返品が相次いだ。

　また、１９８０年代半ばには、シャープやロームといった会社が半導体レーザー事業に参入し、松下のシェアはどんどん奪われていった。最終的に半導体レーザー事業における損害賠償等を含めた損害金額は１００億円レベルを超える額となってしまった。

　この事業にけりをつけたのは加納であった。加納は、このレーザー技術が商品化できる可能性が低く、これ以上打つ手はないと判断し、

上層部にそう報告を行った。事業の責任を取るのは技術者であるという信念のもと、きっちりと始末をつけた格好である。

　開発当初から自分が関わっていたわけではなかったが、加納は事業の責任者として責任逃れをする気はさらさらなかった。加納はこのとき、責任を取るために一度辞表を提出しているが、受け取ってはもらえなかった。というのも、当時、松下電子工業の新社長に就任したばかりの金沢は、厳格なタイプであったが、加納の潔い姿に、事業の失敗を責めるどころか、かえって信頼感を覚えたという。そして、加納を研究所次長に任命する。

　しかし、加納の胸は晴れなかった。彼の胸には、この一連の出来事の中で起こってしまった悲しい出来事が深く刻まれていたのである。それは、加納の後輩でもある研究者の一人が激務の中で倒れてしまったことだ。レーザー事業化での活躍を買われて次に始まるプラズマディスプレイ・プロジェクトへの移動要請をうけて益々の展開に期待を膨らませていた。併せて、レーザーでの技術成果を博士論文にまとめることをも自己の目標として取り組んでいた。
「夜中の三時に電話がかかってきてね。社員が一人倒れて病院に担ぎ込まれたと。慌てて島本にある救急病院にかけつけたときにはすでに遅く医師から『先刻、息を引き取られました』と告げられて」

　加納は、そこで言葉を切った。じつは、取材中、加納は何度かこの事件について口にしている。本人は意識していないかもしれないが、彼の中で後輩の死は、大きなしこりとなっているのであろうと想像される。

　和歌山県の高野山奥之院には、深い杉木立の中に織田信長など、そうそうたる武将たちの墓が立ち並んでいる。しかし、その一角に企業

戦士の墓群があることを知っている人は少ないのではないだろうか。不幸にして仕事中に命を落とした従業員の魂を慰めるために建てられた慰霊碑である。ヤクルトや福助、上島コーヒーといった企業の墓碑があるが、この中で株式会社としてもっとも古くに建立されたのが、１９３８年の松下電器産業の墓碑なのである。

　平成に入り、長時間労働やパワーハラスメントといった職場における負の側面がクローズアップされるようになってきたが、昭和の高度経済成長期においては、社員は自らの身を省みることなく、会社に忠誠を誓い、また、自己の掲げた目標に向かって、ただ懸命に働いたものである。日本社会の繁栄の陰で犠牲となった人のことを私たちは決して忘れてはならない。

　研究所次長となった加納は、TS レーザーの失敗から「研究者は、基礎研究の段階から、市場を意識する必要がある」ことを悟った。彼はそれを部下たちに意識づけるために、あるユニークなスローガンを掲げた。それは

「独創力は技術の敵」

　という言葉である。研究者たるもの画期的な発明のためには創造力をいかんなく発揮するというのが、ごく一般的な認識であろう。そこを加納は、

3　研究開発の効率化
【日本型大企業におけるベンチャーの実践：松下電器における事例】
挫折と多くの犠牲（1987〜1990）

（'90年までの累積赤字100億円を越す）

独創力は
技術の敵

社長

これは何だ！
おまえはクビだ。

ガクッ・・
← 取締役

多くの犠牲（人的、経済的、技術的）

独特の言い回しで研究者たちに何が大切かを説いたのである。

　加納が伝えたかったのは、いくら画期的で学会から評価を受けるような斬新な研究であっても、その技術を用いて商品を生み出すこ

とができねば、世の中の役に立たないということだ。机上の空論では
意味がない。そのことを説明する際に、加納は語気を強めて言った。
「大学の研究室でせっせと論文を書いている研究者たちは、何を作
っているか。彼らが残した成果は紙に書かれたものだけだ。そんなも
のは焼いたらただの灰にしかならぬ」

　加納はいわゆる象牙の塔に巣くっているアカデミズムというもの
に対して、激しい対抗心を燃やしていた。あまたの大学教授たちが国
から多額の補助金を得て、リアルな社会の役に立たない研究を行っ
ていることに忸怩たる思いを抱いているのである。大学だけではな
かった。松下の研究室にも、頭でっかちで論文を書いて自分の名声を
得ることにしか興味がないという研究員も存在した。そうしたアカ
デミズムへの反骨心から「独創力は技術の敵」というスローガンが生
まれてきたのである。

　そんなどん底から立ち上がるために加納は必死で知恵を絞った。
再生へのチャレンジとして、伊藤らが中心となって光ピックアップ
を構想した。これまでの技術にスタンフォード大学との共同研究を
取り入れるとともに、周辺の特許を固め、また米国特許の早期買い取
りに動いた。

　加納は研究者である伊藤にも技術と量産のズレについても理解を
深めてもらうため、一時彼を工場に勤務させている。伊藤は、加納の
期待に応えてみせた。商品化することの難しさや、量産の概念につい
て、工場での様子を目の当たりにすることで、理解を深めたのである。

　加納は、部下たちを適材適所に配置しつつ、彼らの育成にも力を注
いだ。水野の直属の部下であった竹島真澄は物理学者であり、コンピ
ュータ・シミュレーションに秀でていた。加納は、竹島に半導体レー

ザーにおける物理学的モデルの研究を依頼する。また、油利正昭という優秀な部下をアメリカのスタンフォード大学に派遣。ジェームス・ハリス先生の下でコンピュータ・シミュレーションを学ばせるなどして、チームのブラッシュアップを図った。

当時の日本では、実際にデバイスを作りテストするというアナログな手法が中心であった。しかし、油利がスタンフォード大学から持ち帰ったアメリカ式の技術開発の考え方（シリコンバレーのカルチャー）により、デバイスの変化や機能をコンピュータ上でシミュレーションできるようになり、作業効率の向上やデバイスの改良に大いに寄与した。その結果、RISA という高い性能のレーザーを完成させることに成功したのである。

この RISA レーザーは、携帯用 CD や自動車の CD 用に使われる目的で開発されたものであるが、ある時、上層部からパソコンのデータ記憶媒体である CD-ROM ドライブに用いてはどうかという提案がなされた。その話を聞いた加納は、上層部が考える安いコストで製造することはとても不可能だと判断し、反対の立場をとる。しかし、これから成長が見込まれるパソコン市場への期待感から上層部は、加納に対してこの提案に従うよう再度要求をしてきた。

困った加納は、かつての部下である古池に相談をもちかけた。

古池はのちに水野と同じ松下電器産業の副社長となる人物である。加納と同じく熱い志を持ち、情熱的に開発に取り組むタイプであった。数いる部下の中でも最も加納のことを慕っていた。古池はのちに松下電子工業の研究所からディスクリート事業部長として、自らの意志もあり、かつ技術のわかる経営者としての道を歩み始めることとなる。

半導体レーザ事業化への道

光ピックアップに向けた工場設立による量産への再挑戦(1994)

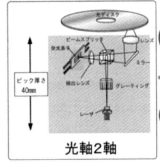

新工場の概要　投資金額：20億円
　　　　　　　　月産数量：20万本
　　　　　　　　製造人員：30人

光ピックアップユニットの改良

　加納から RISA レーザーの CD-ROM への転用を相談された古池は、これをチャンスだと判断。今後のパソコン市場の広がりを予見したからであった。そして、自分の責任においてこのプロジェクトを推進すると上層部に返答する。内心、コストの面でうまくいくはずがないと、困惑していた加納ではあったが、全面的に信頼を寄せる古池の力になりたいと、研究所のレーザー担当者のうち伊藤を含む八割もの研究者を送り出し、古池事業部長のチームをサポートした。

　その結果、他社より小さく安価なピックアップ・ユニットの量産に成功し、この成果でもって伊藤らは優れた技術に対して与えられる大河内賞をはじめ様々な賞を受賞した。加納は、後輩の栄誉を自分のことのように喜んだのである。

　また古池は、このレーザーを用いて、ＣＤやＤＶＤの読取り用パー

ツに当たるピックアップ部を含んだユニットとして戦略的な事業展開を進めた。市場では、１９８０年代半ばには、音楽ＣＤがレコードを追い抜き、一般的なメディアとなった。そうした社会的変化も追い風となった。

　加納によって、最初の留学生としてスタンフォード大学に派遣された化合物半導体研究の上田大助や、レーザー部門のキーパーソンである伊藤らがそれぞれ力を発揮し、レーザー事業立ち上げから約１０年後の１９９０年代半ばには、赤字から脱却。加納が退職して、まもなく、半導体レーザーを軸とする化合物半導体事業は、1000億円を超える売り上げをたたき出す事業となったのである。半導体レーザーユニット事業は、古池の率いるディクリート事業部の新しい柱となり、松下は国内トップを独走することとなった。併せて、上田大助がスタンフォード留学から持ちかえったシリコンバレーのカルチャーが研究所に芽生えることとなった。

撮像素子CCD

ビデオカメラに搭載された CCD

　かつて研究所の壁に「独創力は技術の敵」というスローガンを掲げた加納は、この成功をもって「独創力は次の事業をつくる」という新たなスローガンを自ら大書して、研究所に掲げ直して定年退職の日を迎えることができたのである。

第3項「CCD デバイス」

　レーザー事業に引き続き加納は、新たな CCD 開発チームを寺本から引き継ぎ、リーダーを任されることになった。加納の決断は早かった。市場のニーズに合わなくなりつつあった CPD の開発を中断すると、納入先である松下電器のビデオ事業部との綿密なコミュニケーションにより、本当に求められている性能や規格について把握するところから始めた。研究主導ではなく、顧客のニーズに合わせた現実的な開発へと舵を切ったのである。

　この頃、組織のマネージングにも優れた能力を発揮していた加納は、プロジェクトチームの編成にも力を入れた。京大や阪大といった一流大学出身の若い技術者を１５名も増員した。そして、後に松下電子工業専務取締役となって古池を支えた岩佐仁雄率いる京都研究所が CCD の最先端微細加工プロセス技術を戦略的な取り組みとして事業化にあたった。事業部長として経営の道をあゆみはじめた古池らと協力して、短期間で CCD デバイスを完成させたのであ

古池氏とフィリップス社へ（アムステルダム空港にて）

る。この成果により、その後 CCD 事業は一時年商２００億円を超える稼ぎをたたき出すことになった。

　そして、加納が定年退職した１９９８年頃にはレーザーに引き続き、CCD 事業も完全に成功に転じていたのである。

このように日本では、ソニー、松下を中心にビデオカメラの大競争があり、両雄並び立つという展開がうまれた。その後は、ＬＳＩ集積回路の微細化技術が進み、マイコンなどチップ産業の基幹技術が統一化されて、CCD の原理をつかうことなく CMOS で撮像機能を持たせることが可能になった。そのため、撮像機能もコンピュータマイコン、そして、メモリと同次元で集積化されるチップの時代へ移っていった。その背景をうけて、スマホなどカメラ機能は一般化し、もはや、古来のカメラは存在意義がなくなってきた。

　その中でも、放送用撮像カメラ（特にハイビジョンカメラ）、内視鏡用の高精細カメラのマーケットは依然産業用として存続している。しかし、ビジネスの規模から考えるとマイナーな事業と見なされている。

　放送用カメラについてはＮＨＫとの関係性を説明する上で、触れておきたいトピックである。テレビのナショナルとして一世を風靡した松下であるが、ＮＨＫ等が撮影に使用するプロフェッショナル用の高精細カメラの多くのシェアを松下が担っていた。これには、松下電子工業でタッグを組んでいたフィリップ社との関係が素地としてある。

　当初日本では、放送用カメラは１００％フィリップ社がシェアを握っていた。真空管プランビコンを用いたカメラであった。そのフィリップ社から受け継ぐようなかたちで松下が放送用カメラでは強みを発揮した。

　また、オリンパスとの関係において、内視鏡カメラも松下が大きなシェアを有していた。加納は医療用カメラとテレビの放送用カメラという二つの事業についても、責任者として全体をカバーしていた。

　ハイビジョン用のCCDの研究開発をNHK技研と一心同体となって行うこととなり、つづいて一緒に取り組んだプラズマテレビの開発などを通じてNHK技研のトップやNHKの技術担当の森川専務理事、中村副会長など経営陣と昵懇の間柄となった。これらの重点テーマに関しては、国会で予算が決まることもあり、加納は関連資料を用意することもあったという。

　こうしたNHKとの強い関わりが、次章のプラズマテレビ開発における背景となっている。加納がなぜ、ＤＣ型プラズマディスプレイという困難な道を歩むことになったのか、その発端は、ここにあったのである。

　余談ではあるが、１９７０年代半ば、家庭用ビデオレコーダの世界では、VHSとベータの規格争いがあり、家電業界は、松下電器産業を中心に子会社のビクターや、シャープ、三菱、日立、船井といった企業が推すVHS方式とソニーを中心とした東芝、三洋、NECなどのベータ方式に二分されていた。１９８０年代に入ると、VHS方式の旗幟が鮮明となりやがてベータ方式は市場から姿を消すことになる。

　日本の電機業界には優れた企業が多数存在するがために、日夜激しい開発競争が繰り広げられており、互いに切磋琢磨することでよりよい製品が数多く生み出されてきた。その反面、研究者、技術者たちは、骨身を削る思いで研究開発にいそしんでいたのである。

　なお、２００９年、ＣＣＤ技術への貢献により、ウィラード・ボイルらが、ノーベル物理学賞を受賞したことに関連して、当時、(財)京都高度技術研究所ナノ・クラスタービジネス・ディレクターを務めていた加納が記したエッセイを紹介しよう。華やかなノーベル賞の背

景にある、栄誉なき研究者たちへの理解と尊敬にあふれた文章であり、同時に、ＣＣＤ開発の歴史が克明に記されている点からも貴重な資料と言えよう。

「時計の針を 40 年遡らせた今年のノーベル物理学賞　その 1」

今からちょうど、40 年前、1970 年 2 月 18,19 日の 3 日間（前日を含め）、フィラデルフィアのペンシルベニア大学で開催された IEEE の国際学会、ISSCC　（国際固体回路会議）に出席しておりました。この学会は今も半導体の分野では最も権威のある学会として、半世紀を越える歴史を背負いながら世界の研究者・技術者の集いの場となっていることはご承知のとおりです。

いまは、日本を含むアジア勢が５０％を越す採択率となっているそうで、経済発展のバックボーンとなる先端科学技術の広がりの速さに改めて驚きを感じています。私が、同学会のファー・イースト（極東地区）・チェアーをしていた今から 10 数年前（1995？年から 3 年間）は、日本からの採択率を１０％くらいは目標にしたいと頑張っていたことを思い出します。

ちょっと脱線しましたが、上記 1970 年の会議は、大変活発なものであったことを覚えています。その中で、" The silicon diode camera tube"と題してシリコン撮像素子の特徴や課題、特に、エージングのメカニズムについて、今回の受賞者の 1 人 Bell 研の George E. Smith から発表があり、CCD の可能性についての示唆がありました。その数週間後の 3 月にニューヨーク・コロシアムであった IEEE Convention でのパネル・デイスカッションで、彼のボスである

Willard S. Boyle から CCD（チャージ・カップルド・デバイス）の基本原理が説明されました。そして、その翌月には、まとまった論文　"Charge Coupled Semiconductor Device ： W.B. Boyle and G.E. Smith" として Bell System Technical Journal, pp. 587-593, 1970 、が発表され、128 ビットのシフトレジスターの試作結果などを含む詳しい内容が明らかにされました。

たまたま、私は、ショットキ・バリア・ダイオードに関する論文をこの ISSCC で発表すること、また、そのデバイスの応用を上記ニューヨーク・コロシアムにおける IEEE コンベンションでデモ展示をおこなうこと、などの目的もあって、これらの会議にフルに出席することが出来ました。当時、固体撮像素子は、私の仕事に直接関係していたわけではないのでしたが、この CCD の発表が私の会社（松下電器）にとって経営を揺らがせるような大変な騒動になったことは想像に難くないことと思います。

当時、ソニーと松下は、ビデオの方式に関して、VHS＆ベーターの熾烈な競争を展開していました。単なる一部品とはいえ、撮像素子：CCD は大きなキーの位置づけにありました。撮像と表示（デイスプレイ）デバイスは真空管から固体に変わる歴史の中で最後の巨大市場だったのです。

ニューヨークからの一報を受けた日本では（ご承知のように約１２時間日本が進んでいます、ISSCC の委員は各社から１名はでており、全員がニューヨークにきて、電話やファックスで即刻報告です）、早速、会社で会議が招集され対応が始まりました。

その年 1970 年の秋には、日立、日電、ソニー等から CCD に関する設計シミュレーションや、試作結果等の報告が日本の学界や研究会

で続々と発表されることとなりました。松下とソニーを中心とする、ビデオ戦争は一段と厳しさを増してきました。VHSで勝利した松下のビデオ・ムービの中には、日電、ソニー、松下のCCD製品が激しくシェアを戦っていました。　今日、部品としてのCCDは、パナソニック、ソニー両雄並び立っていると聞いています。

CCDは拡大を続けるデジタル民生機器市場だけでなく、テレビ放送撮像機（デジタルテレビ、ハイビジョンテレビ等）や内視鏡などの医療、その他一次元のセンサーを含むセンサー市場にも大きな役割を果たしていることはご承知のとおりです。

今回のノーベル賞決定のニュースを聞いて、半導体研究者・技術者には嬉しい思いをされた方が多いと思います。青色LED、レーザーやフラッシュ・メモリなど日本の技術に期待を持っていた方も多いことでしょう。私もその一人でした。でも、こうやって、振り返ってみると、20世紀のデジタル革命（情報革命）の最も基本を担うCCDの発明と社会への貢献は、時間軸から見て正当、合理的であったのではないかと思う次第です。21世紀の環境革命を担う日本の技術、青色LEDや、我が「KYO-NANO」プロジェクトから生まれ来る技術が、次のノーベル賞となることを期待して止みません。

京都環境ナノ・クラスター本部　加納剛太＜IEEE　Fellow＞

「時計の針を40年遡らせた今年のノーベル物理学賞　その　2」

　1970年という年は、半導体が情報化社会を創出していくこととなる節目の年であったように思えます。バイポーラからMOSへと主流

は移り、メモリ、プロセッサーなどコンピューターの奥深くにまで浸透し始めました。ベル研究所で半導体レーザーの室温連続発振に成功したのもこの年だったと記憶しています。　そして、撮像デバイスを真空管から固体に変えることを可能にした **CCD** の発明発表もこの年です。直接には関連しないのですが、市場のうねりに同期して、画期的な平板ディスプレイの開発発表がなされたのも、この年なのです（厳密には'69 年、バローズからプラズマ、**RCA** から液晶、ディスプレイが発表されました）。また、今回の対象となった光ファイバーの実用化（1 km）もこの年として知られています。このようなデジタル（情報）革命の前夜とも言える技術と市場のうねりの中で、当時の半導体技術者には、限りない夢とロマンを持つことが許されていたのです。今回のノーベル賞受賞となったベル研での **CCD** にまつわる研究・開発・製品化の物語も、そのような人たちの中で展開されたものであることは言うまでもありません。いろいろな意見があるのでは、と思っていたところに、IEEE から配信された記事が、10 月15 日、私の電子メールに届きました。*"Who Deserves Credit for the Nobel Prize-winning CCD?　IEEE Spectrum　：＜このノーベル賞を本当に受けることに値する人は誰なのか＞"*。興味津々、読んでみると、次のようなことが書かれています。「当時のベル研では、半導体メモリの実用化に向けた技術と半導体撮像素子が最大のテーマだった。ボイルとスミスの最初の **CCD** のコンセプトは "表面電荷の転送という物理的モデル" だった。新しいメモリの動作を意識したものであって、光から変換された電荷を転送し撮像を可能にするという概念ではなかった。それを着想し、実現したのは私-M.F.Tompsett- だ！*参考IEEE　Trans.ED-20(1973)*」というインタビュー記事です。オリ

ジナルな技術が着想され、実証され、そして社会貢献へと成長してい
く過程では、いろいろな人の貢献があったということは誰しも思う
ところです。当事者ではない私たちにとってこの内容を更に追う必
要は毛頭ありません。ただ、ついでながら思うことが一つあります。
それは、これまで、アメリカで生まれた技術をキャッチアップし、事
業として社会に創出してきた多くの日本人たちの貢献なくして、今
回のノーベル賞も実現しなかったのでは? とも言えるのではない
でしょうか。キャッチアップ時代を過ごしてきた私たち日本人の中
には、1990 年 "ジャパン・アズ・ナンバーワン" と言われたことを
誇りに思っている人も多くいるのです。私は、アメリカ人パートナー
たちに、いつも、"Complementary Collaboration （補完協業、*日本の
事業化力なしにアメリカの技術は完成しない,*）" という言葉を使っ
てきました、ちなみに、この言葉は私の発明した造語です (*EE Times
1999/10/25*)。最初の発明や思いつきから、10 年を越えて実用化し、
そして、市場創出の緒につき、事業として社会に認知されていくのに
更なる 20 年が必要なのです。私が、アメリカ人パートナーたちに繰
り返し言い続けてきた言葉は "*Be patient！*（いま少しの辛抱です）"
でした。このような屈辱的（？）な言葉を使わなければならなかった
私には、新しい 21 世紀 "環境革命" への緒についたばかりの今こそ、
日本には真の独創技術が必要であると思えるのです。

京都環境ナノクラスター本部　加納剛太<IEEE Fellow >

「京都環境ナノクラスター　KYO-NANO Info 091023」2009 年 10 月
より

第4章　プラズマディスプレイ

第1項　この失敗こそ、人生最高の成果

　加納の松下電子工業における立ち位置は、果たして本人の納得したものであったのだろうか。主任や課長、部長といった肩書がついてからの加納の業務は、戦国時代の戦にたとえると、まるで負け戦におけるしんがりを務めさせられているようにも見える。彼の性分がまた不利な立場であるとわかっていても、避けることを潔しとしなかったこともあろう。不利だとわかっていてなお、あえてその困難に立ち向かうだけの気概が彼の心中には備わっていたのである。それはあたかも彼の祖先である山中鹿之助の「我に七難八苦を与えよ」と、願望をかなえるためにあえて苦難を求めた、そんなストイックさに通じるかのようである。

　しかし、ここまでの加納の研究者人生を掘り下げてみれば、負け戦に登用される機会が多かったからこそ、一瞬の判断の重要性や間違いに気づいたときに、それをはっきりと間違っていたと断言できる強さ、どれほど辛くても耐え抜く力を身につけてきたと言えるのかもしれない。

　ここから語るのは、加納の壮大な負け戦の物語である。平成における松下電器の負の遺産であるプラズマディスプレイの話だ。しかし加納は胸を張って言う。

「プラズマの失敗こそ、私の人生にとって最高の成果だった」

　その言葉の意味は、この章の中で明らかになるだろう。

この時期の加納は、いろいろな責任を背負いすぎていた。彼の決断力や、アカデミズムに終始しない視野の広さなどが重宝され、次から次へとプロジェクトのリーダーに任命されていたことは前章で示した通りである。しかし、そんな中でも加納は、ディープ・イノベーションの種を探し続けていた。そして、次章へとつながる希望の種との出会いを見つけたのである。それについては、この章の後半で触れることにしよう。

　さて、パナソニックのプラズマテレビといえば、家電に詳しい人なら、「あぁ」とわけしり顔で首肯するかもしれない。工場への投資や研究開発費用も含めれば３〜４兆円もの赤字をだしてしまった事業である。２０１２年に松下電器から数えて第８代目の社長に就任した津賀一宏パナソニック社長が、退任が決まり、社長という職務を総括した際に語ったことと言えば、ほぼプラズマテレビのことであった。

「工場の解体、大規模なリストラ、自分の社長としての役割は、プラズマ事業という負の遺産を整理することであった」

　先々代の中村邦夫社長が、業績回復の柱に掲げ推し進めたプラズマテレビであったが、急成長してきた液晶テレビに太刀打ちできず、他社が次々液晶へと鞍替えする中、最後までプラズマにこだわったのがパナソニックであった。

　津賀社長のこの会見を聞いた加納は、悔しさのあまり涙がこぼれる思いだったと語っている。

「確かにプラズマは負けた。それは認める。しかし、果たしてプラズマは、そこまで悪者扱いされてしまわねばならないような事業であったのだろうか」

　現場を離れて二十年以上経つ今もまだ、加納はプラズマディスプレイ事業のことを思うと胸が苦しくなるという。そもそも取材をはじめた、いの一番に加納はプラズマディスプレイの件を自ら語り出し、その苦しい胸の内を吐露している。加納にとって、このプラズマディスプレイは、人生における悔恨の根であるのだろう。

　現実問題として、1兆円規模の投資が行われたにもかかわらず、ほとんど稼働することのなかった尼崎と茨木の二つのプラズマディスプレイ工場が、パナソニックの大きな足かせ

となり、最近のパナソニックの不調の原因となっている事実は否定できるものではない。しかし、歴史に"もし"という仮定が許されるならば、今現在テレビの主流となっているのが液晶ディスプレイではなく、プラズマディスプレイであった可能性もあったはずなのだ。とある技術者が語っていたことであるが、

「技術に失敗というものはない。ただ時代に選ばれなかっただけだ」

　という言葉は、まさにプラズマディスプレイにも当てはまるように思える。

　もしも、あと数年、液晶テレビの技術が遅れていたら、立場が逆転していたかもしれないし、もしも２００９年にリーマンショックがおこらなければ世界の高級テレビ市場でプラズマテレビが生き残っていた可能性もないとは言えない。プラズマテレビの映像クオリテ

ィや製品化に付随する数々の優れた技術は、ただ単に失敗という言葉で片づけてしまうには、あまりにも惜しい。

以下の章では、なぜプラズマテレビが市場から消えなければならなかったのか、その経過をたどってみたい。

第2項　NHKとの協同

薄型テレビが開発されるまでには、私たちが想像もできないような苦労があった。様々な確執もあった。ライバルとの戦いや足の引っ張り合い。それでも、よりよい暮らしのためにと夢をあきらめなかった技術者たちがいた。ブラウン管テレビに代わるプラズマテレビと液晶テレビの激しい後継争いも、そこにはあった。

加納は自身とテレビ、そして NHK との関わりについて次のように語っている。

「マンションの壁に備え付けられたハイビジョンの大きな壁掛けテレビ、これはＮＨＫの半世紀以上前からの夢だった。それにひっかかったのが、テレビの松下の私。それでプラズマという罪をおかした」

太古より勝者が歴史を作ってはきたが、敗者側が語っていけないという理由はどこにもない。なぜ、パナソニックはプラズマディスプレイ事業に失敗してしまったのか。他社のように液晶に切り替えるタイミングを見失ってしまったのか。その疑問点に内側から迫るとしよう。まずはテレビジョンの歴史を簡単に振り返ってみたい。

ＮＨＫ の博物館に高柳健次郎が発明したテレビ受像機が展示されている。この機械が発表されたのは１９２６年と古く、戦前のことだ。日本で生まれた世界初の偉業だった。高柳博士は、いろはの「イ」と

いう字を電送して受像に成功した。ブラウン管の誕生である。

　じつはこのテレビの受像機は、奥行1メートル以上もあろうかという大掛かりな機械である。ブラウン管とは、電子ビームを蛍光体に照射して映像化するシステムであり、電子銃により電子ビームが射出されるという構造であるために、筐体にはどうしても奥行が必要となる。

　日本の放送技術開発は、1930年に設立されたNHK放送技術研究所が中心となって推し進められてきた。カメラなど、放送機器の開発以外に緊急放送システムなどの研究開発が行われている。また、松下をはじめとするメーカーとテレビ受信機の共同開発も行ってきた。

　ところで NHK では、半世紀前からテレビを平面化したいと考えていた。ハイビジョンの高精細な映像を大型テレビで楽しめるようにしたいという夢を持っていたのである。一つには日本の狭い住宅事情が関係していた。前述のとおりブラウン管テレビを大きくしようと思うとその分、奥行きが必要となり、日本の狭い住宅では設置が難しくなる。そこで、ブラウン管テレビから薄型テレビへの移行が、NHK にとっての命題であった。

　しかし、まずは先代のブラウン管テレビがいかに国内市場に広がっていったかをみてみるとしよう。

　1953年、シャープが初の白黒テレビを発売している。価格は17万5千円と当時の公務員の初任給の約32.5倍もの高額商品で、庶民にとっては高嶺の花であった。やがて、1950年代後半になると洗濯機、冷蔵庫とともに白黒テレビが、三種の神器ともてはやされるようになった。

それから１０年ほど経つと、カラーテレビが普及し、クーラー、車と合わせ英語の頭文字をとって３Ｃと呼ばれるようになった。次の段階では、テレビは迫力ある映像を求めて、大画面へと進化しつつあったが、奥行きが必要なブラウン管テレビでは、画面の大きさに限界が生じる。そこで、NHK技研や各電機メーカーは、薄型テレビの開発を始める。

　加納の手元に１９７０年頃にNHKが作成した５０年後の夢として描かれているイラストがある。そこには、日本の標準的な家庭で薄型テレビを壁にかけて楽しんでいる家族の姿があるが、まさに５０年後の今日、私たちの家には薄型テレビが現実のものとして存在している。

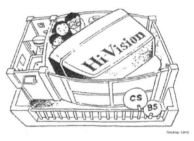

ブラウン管でのハイビジョン化は困難
NHK放送技術研究所の資料より

　そんな薄型テレビ開発の歴史であるが、ブラウン管に代わる候補となったのは、プラズマディスプレイと液晶ディスプレイの二つ。この二つの方式は、奇しくも同じ年１９６４に発明されている。将来、この二つの方式がしのぎを削ることになる運命の予告とも言えよう。

　ところで、プラズマディスプレイには、二つの方式があった。一つは、アメリカのイリノイ大学で発明されたAC型プラズマ

壁掛けテレビのある生活
NHK放送技術研究所の資料より

と呼ばれるもの。もう一つは DC 型プラズマというタイプである。こちらもアメリカで開発されたもので、その技術を用いてとある企業から派生したベンチャー企業が開発を行っていたが、経営に失敗し、その技術を松下電子工業が引き継いでいた。そもそも薄型テレビ開発のスタート地点から松下は、プラズマと縁があったのである。

DC 型のプラズマディスプレイは、構造が単純であったため、最初はコンピュータのモニターとして市場に広まった。このときの画面はモノクロであったが、年商２００億円もの事業となっていた。

NHK 技研は将来のハイビジョンや大型映像のために薄型で高精細なテレビの開発をめざしていた。ハイビジョンに対応するテレビは、画面の縦横比が１６対９と横長であり、走査線の数が従来のブラウン管の５２５本に対して１１２５本と多い。従来のブラウン管テレビでこの条件をクリアしようと思うと筐体が大きくなってしまい、日本の住宅事情にそぐわない。そのためにも NHK は薄型テレビの開発を推進していたのである。

NHK 技研がこだわっていたのが、DC 型のプラズマテレビであった。NHK 技研は独自に研究を進めており、１９８８年に２０インチの DC 型プラズマディスプレイの試作品を完成させている。

これに自信を得た NHK 技研は松下電子工業に共同研究を申し入れてきた。松下と NHK 技研とは、古くから協力関係にあり、NHK 側からの度重なる要請に当時の松下電子工業の杉山社長は、その申し入れを受けた。そして、リーダーとして加納を任命したのである。加納は、プラズマディスプレイの開発を続けていた和邇を技術担当の責任者に据え、NHK との共同研究開発リーダー役も任せることにした。

これまでも NHK と組んで様々な映像技術をものにしてきた松下電子工業への NHK の信頼は揺るがないものであった。加納自身も NHK 技研の技術者とは旧知の間柄で、その NHK がプラズマの DC 方式を推しているとの理由から、他社が AC 型のプラズマを開発していることが分かっていても、ぶれることなく DC 型の研究開発を推し進めた。

DC 型が AC 型よりも優れている点は、画面のコントラスト比である。一般的には、明暗がくっきりしている画面のほうが画質がいいと考えられている。また DC 型のほうが動画にも適していた。

こうした分析に基づき、加納は製品化に成功するのは、AC 型ではなく DC 型プラズマだと判断、上層部にもそのように報告をしている。

そのうちに NHK からこの開発研究の目標が示された。世界が日本に注目するタイミングに間に合わせること、すなわち１９９８年に日本で開催される長野オリンピックを目標として製品化を目指すことになったのである。１９９４年 NHK 技研の撮像管デバイス部長であった倉重光宏がこの開発目標を目指して、国際共同開発プロジェクト「PDP 協議会」を立ち上げた。当然のことながら、加納は倉重と運命を共にし、長野五輪に向けて戦うこととなったのである。

このプロジェクトは文字通り国際的で、台湾、アメリカなどから有力な部品・部材メーカーが参加した。なかでも

デュポン社
ジョン・ホジソン副社長とともに、ノースカロライナにて

デュポン社の自家用ジェット機
内にて

DC型の特徴として必要な抵抗厚膜（ペースト）の開発について、その合理的な開発の考え方に加納は惹かれていった。日米補完協業という加納の思想と完璧なまでに一致する手法でことが進んでいった。デュポン社の副社長ジョン・ホジソンとは、理解しあえる間柄となり、個人的にも親しい交流を続けるようになった。同社のあるノースカロライナと、のちに出てくるニューヨークの北にあるプラズマコ社の間をデュポン社の自家用ジェット機で行き来した思い出が浮かんでくると加納は語った。

　スポーツの祭典とテレビの売れ行きは相関関係を描く。そもそも戦後の日本では高嶺の花であったテレビが爆発的に売れたのは、１９６４年の東京オリンピックで、その年のテレビの普及率は８７．８％にも達していたという。それ以前にテレビが普及するきっかけとなった１９５９年、当時の皇太子の婚姻の頃が２２．６％であったことからみて、オリンピック効果が大きかったことは間違いない。

　ＮＨＫはその効果をよく把握しており、白黒テレビが普及したタイミングの東京オリンピックに合わせてカラーテレビをアピールしている。その成功体験から、長野オリンピックでは、ハイビジョン放送のデモンストレーションを行うことを計画していたのである。そのために、松下のプラズマテレビが必要であった。

　松下電器もオリンピックとの縁は深い。オリンピックのワールドワイド公式パートナーとなったのは１９８８年のカルガリーからで、

それ以降、放送局への機器の提供にはじまり１９９６年のアトラン
タでは、オリンピックホスト放送局の元請となるなど放送技術の面
からもこの国際的な大会を支えてきたという実績があった。松下に
とってもオリンピックは国際的な知名度を広めてくれた大切な祝典
だったのである。

　プラズマテレビの基本的な仕組みや液晶テレビとの比較について
簡単に説明しよう。

　まず、プラズマとは放電現象のことを指す。プラズマテレビの仕組
みは、二枚のガラス板の間にガスを封入し、電圧を加えて紫外線を発
生させることにより、ガラス基板の蛍光体を発光させる仕組みとな
っている。ガラス基板には、赤、緑、青の蛍光灯が並べられており、
それを光らせるか消すかで色を再現している。

　プラズマは自ら発光するので視野角に制限がなく、どこから見て
も均一な映像が見える。同様に自発光であるため、高速での制御が可
能であり、動きの早い映像も得意とする。そのためスポーツ中継など
には適していると言われていた。

　一方、液晶テレビは、画素そのものが発光するのではなく、バック
ライトからの光を偏光パネルで調整し、カラーフィルターを通すこ
とで色を表現している。光が抜けると色が反映されるが、光が通らな
いと黒く表示される。

　初期の液晶テレビには、視野角が狭く斜めから見た場合は明るさ
や見え方に違和感を感じる場合があった。またシステム上、残像感が
残ったり、動きの速い映像についていけないという欠点があった。さ
らに黒の諧調を表現するのが難しいというデメリットもあった。

　その反面、万が一故障した際は、バックライトのみ取り換えれば修

理が可能であった。一方プラズマの場合は、パネルを丸ごと取り換える必要があったので、修理コストの面では、液晶が有利であった。また構造上、プラズマテレビは小型化が難しくどちらかといえば大画面を得意とするのに対して、液晶テレビは中型以下の低価格帯で勝負することが可能であった。

あくまで令和の現在の視点から見てみると、バブル崩壊後のデフレ下の日本で選ばれたのは、高価格帯の大画面テレビではなく、中小型の液晶テレビであったことに何ら不思議はない。しかし、当時の経営者の立場に立ってみると、飛ぶ鳥を落とす勢いであった日本経済が、バブル崩壊からの失速がここまで長く続くことを予想するのは、難しかったに違いない。

液晶とプラズマという選択肢に加えて、プラズマテレビ自体にもDC型とAC型という二つの方式があった。プラズマを開発している大手電気メーカー各社は、DC型とAC型の二手に分かれてそれぞれ開発を急いでいた。

第3項　ラリー・ウェーバーとの出会い

加納たちは、NHK技研と協力しながら、DC型方式での研究を推し進めていたが、プラズマの技術の研究には様々な面で困難が生じた。十分な発光を得るためにはある程度の電力が必要となるが、そのせいで機器が熱を帯びてしまう。またDC型にはしばらく動作を続けると映像が乱れるという欠点があった。放電現象が均一でなくなってしまうという不安定性が原因であった。

一方、AC型にはDC型に顕著なこの二つの欠点がなかった。AC型は消費電力が少なく、また動作していても映像が乱れるようなこ

とはなかったのである。しかしコントラスト比という面でいえば、やはり DC 型のほうが優れており、いずれ DC 型が勝利すると加納達は確信していた。

　１９９４年、ディスプレイに関する世界最大の国際会議において、ニューヨークの北にあるプラズマコという会社が AC 型フルカラーの試作品を発表した。この試作品において、従来の AC 型の欠点であったコントラスト比率が大きく改善されており、大きな衝撃を与えた。

　じつはこの時の試作品には、ちょっとした秘密があった。赤、緑、青の三色にだけ電極をつなぎ、背景の黒には電極をつないでいなかったのである。そのため、従来よりもコントラスト比が大幅に改善されたように見えたのであった。

　この試作品を発表した開発者のラリー・ウェーバーは、会場でコントラスト比の改善に興味を持った人々の反応を見て、次に自分が目指すべき改善点を把握する。そして、この発表からわずか数か月の間に２１インチフルカラーAC 型ディスプレイを完成させている。これは従来型のコントラスト比などの欠点をクリアしたレベルの高いディスプレイであった。

　このプラズマコ社の創設者であるラリーは、長年プラズマを研究していたイリノイ大学における研究リーダーである。サンタクロースのように豊かな髭がトレードマークだ。ラリーは母校であるイリノイ大学の準教授として大学に在籍しながら、企業を立ち上げたアントレプレナーであった。

　プラズマコ社は、IBM のおひざ元にある。この地方では、アメリカの中でもどちらかというと成熟した文化が育まれており、いわゆ

る建国当初のアメリカに満ち満ちていた開拓者精神の気風とは一線を画していた。プラズマコ社の社員も多くは IBM 出身であり、官僚主義的な社風であったと加納は記憶している。リスクを取って挑戦するよりは、若干日本流の文化、例えば上司の顔色をうかがい、ことなかれ主義的に仕事をこなす社員も多かったという。アメリカといえば、開拓者精神にあふれ、リスクをものともせず挑戦するといったイメージを持っていた加納は、同じアメリカでも企業文化がずいぶん違うことを実感した。

　加納はといえば、出身こそ由緒ある家柄の生まれではあるが、時代のめぐりあわせにより、満州からの引き揚げや、終戦直後の貧しい暮らしを経験してきた。こうした影響もあり、身中に負けるものかという意地と、フロンティアスピリットの炎がメラメラと燃えている。そのためか、英語ではビューロクラシーと表現される官僚主義的な考え方や、やり方を忌避した。いい大学を出て、いい会社に入って、上司の顔色を窺って出世の道を無難に歩く、そうしたスタイルには染まりたくない、それが加納の矜持でもあった。

　ラリーは、１９８７年にプラズマコを創業したが、経営は厳しく、いつ倒産するともしれないありさまであった。この新しい２１インチ AC 型ディスプレイは、ラリーにとって最後の賭けでもあったのだ。

　ラリーは１９９４年、来日し、松下でこのディスプレイのデモンストレーションを行っている。この新しい AC 型ディスプレイを目の当たりにした松下の経営陣は、DC 型よりも優れた性能を有することに驚き、すぐに共同開発契約を結んでいる。なにしろ DC 方式は AC 方式よりも製造にお金がかかる点がデメリットであった。

そのことを知った時、加納は頭を抱える思いだった。そのころには他のメーカーも AC 型の開発に切り替えるところが増えていた。ただ、加納たちには、ここまで DC 型にこだわってやってきたという自負と、共同開発を行っている NHK との関係があった。NHK は自社で開発した方式に自信とこだわりを持っていた。そして NHK がどうしても DC 型でやると決めている以上、その関係を断ってまで AC 型に乗り換える決断がそのときの加納にはできなかった。

　このとき加納の周囲はまたも敵だらけとなった。松下本社の研究所のアカデミズムにまみれた研究者たちや、官僚主義の経営陣から「すぐにでも AC 型に切り替えるべきだ」という厳しい批判を受けることとなった。しかし、彼らは批判しやすい相手に対して非難の声をあげるばかりで、本丸の NHK へ進言しようという勇気をもった者は一人もいなかったのである。

　それからほどなくして、加納はアメリカ出張の際に、プラズマコ社に行きラリーと面談するよう命じられた。加納にとっては AC 型プラズマを飛躍的に発展させたラリーは、強力なライバルであったし、ラリーは多少神経質なところがあり、松下の人間に必要以上に気を使うところがあった。二人の初対面は、緊張感漂うものとなった。

　加納は、物おじしない性格であったから、ラリーに対して積極的に AC 型プラズマについての質問をぶつけたが、ラリーの答えは加納を満足させるものではなかったのである。結局、この時の加納は、大型テレビに対応できるのは DC 型であると結論づけている。

　加納のそんな思惑とはうらはらに松下は１９９６年、プラズマコ社を買収することとなった。

　それから間もなく、浜松でディスプレイ国際会議が開催された。こ

ニューヨーク、プラズマコ社にて
後のパナソニック中村社長、森下会長と

の会議の後に、松下とプラズマコ社の提携について発表が控えていた。当時、松下電器産業のトップの地位にあった水野には、その会議の前にどうしてもやっておかなければならないことがあった。水野は、会議が行われるホテルの寿司屋に加納を呼び出した。

　遅れてやってきた加納は、水野の隣にいる人物を見て目を丸くした。そこに座っていたのは、他でもないラリーだったのだ。ラリーも加納が来ることを知らされていなかったらしく驚き身構えている。これは完全に水野のふいうちであった。

　水野は加納に

「ウェーバーと協力して AC 型プラズマ技術を推進し、成功させられる唯一の人間は加納君、君だ」

　と真摯に伝えた。そして、ラリーには、「加納を信頼しろ」と告げる。

　それだけではなかった。水野は二人に握手をするよう促したのである。

　加納は耳を疑った。会社の代表として NHK と組み、日夜 DC 型プラズマの開発に心血を注いできた自分にとって、突然降ってわいたように現れたラリーは、はっきりいって DC 型プラズマの敵である。しかし、加納は水野のことを心底、尊敬していたし、会社が提携

イリノイ大学ラリー・ウエーバー氏の
研究室

を発表する前に自分とラリーの仲を取り持とうとしてくれたことは、水野が加納の面子を立ててくれようとしているのだとも気づいた。

　いっぽう、ラリーのほうも複雑な表情であった。加納が自分に対してよい感情を持っていないことは明白であったし、何より、加納が DC 型の開発に賭けていることを理解していたからであった。しかし、ラリーもまた水野を深く尊敬しており、その意に背くことはできなかった。

　二人は、水野の狙い通り握手をかわしたが、その表情は互いにぎこちないものであった。

　加納の新たな苦悩が始まった。会社の意向通り、ラリーと協力しながら AC 型プラズマディスプレイを開発しつつ、一方で、NHK との DC 型の共同研究を進めなければならない。

　しかし加納は立ち止まることはしなかった。DC 型のみならず AC 型ディスプレイの研究も始めたのである。

　浜松でラリーと握手してから、約１０ヶ月後に開かれたジャパンエレクトロニクスショーで、プラズマコ社と加納たちのグループはそれぞれ個別にフルカラー４２インチの AC 型プラズマディスプレイを発表した。

　同じ会場で NHK 技研は DC 型の大型プラズマディスプレイを発表した。しかし、DC 型の欠点である過熱を防ぐことは難しく、常に背後の壁の向こうから扇風機などでパネルを冷却し続けるという苦

肉の策をとっていた。

　このとき、加納たちが AC 型ディスプレイの展示にこぎつけることができたのは、ラリーとの間で情報をやり取りしつつ、協同を行った成果であると言えよう。そのために加納は、松下に関する情報を積極的にラリーに提供した。また、ラリーに教えを乞うことも辞さなかった。加納にとって世の中をよくするために優れた製品を作ることが一番の目標であった。そのために、自分の面子やプライドにこだわるような狭い了見は持たなかった。それが加納の魅力でもあった。

　次第に加納も AC 型プラズマの進歩を認めないわけにはいかなくなった。製品化するなら AC 型プラズマだと考えるようになっていたのである。しかし、NHK 技研の顔をつぶすことは考えられなかった。そこで加納は DC 型プラズマの開発を長野オリンピックまでと決めた。そして、限られた時間の中での厳しいやり方ではあったが、AC と DC の両輪のバランスをとりつつ研究をし続けていた。

　そんな苦しい状況の中で、加納は経営陣からは、取締役会で AC と DC、どちらの方式でやるつもりかとつるし上げを受ける。心の中では AC 方式のほうがやりやすいと結論が出ていた。上層部にはそう報告しつつ、NHK との関係を考えるとはっきり態度を表明することは難しかった。まさに板挟み状態で苦悩する加納を救ってくれたのは、元研究所で支えてくれた古池たちだった。彼らは加納の苦労をよく理解し共感していてくれたのである。

　しかし、ラリーからしてみれば、加納が AC 派に鞍替えしたのか、それともやはり DC 型を捨てられないのか優柔不断に見えることだろう。そう思った加納はラリーの信頼を得るべく、長野オリンピックのために DC 型プラズマの開発を続けているという事情を説明する

プラズマコ社の近くにあるハドソン川にて
ラリー氏と８０ポンドもあるロブスターを
堪能

ことにした。NHKと松下の深い関りについても説明した。ラリーの信頼を得るために、胸襟を開く必要性を感じていたからである。

加納とコミュニケーションを密にしたラリーは、次第に加納の人となりを信用するようになった。加納が松下での情報を包み隠さずラリーに伝えてくれたことで、ラリーも加納に頼るようになった。そんなとき、プラズマコ社がよりよい商品を製造するために新たに３５００万ドルの投資が必要となった。松下の大方の首脳部が出資に反対をする中、ラリーの支援を申し出たのが誰あろう加納であった。加納は、かつて敵視していたラリーのために社内に敵をつくることもいとわず、投資の有益性を訴えたのである。しかし、社内の反発は予想以上に厳しいものだった。特に社内でAC型プラズマの開発を続けていた事業部のグループからの反発が大きかった。
「自分たちの技術をないがしろにして、アメリカ人に協力を仰ごうというのか」
といった了見の狭い意見であった。投資先の相手がアメリカ人であることにこだわったのである。

しかし、加納には、確信があった。それは、アメリカ人と日本人の特徴を補い合うことの有益性である。アメリカ人の発想力や創造性と日本人の観察力や改善力を掛け合わせることで、よりよい商品ができるという思いである。これはのちに日米補完協業という考え方

として、加納のビジネス上の哲学
となっていく。これこそが加納が
見つけた新しいシーズであった。
日本とアメリカのモノづくりに対
する特徴の違いを掛け合わせて、
よりよい成果を導き出すという考
え方だ。日米補完協業については、
またのちほど詳しく説明すること
としよう。

　いずれにせよ、この時のラリーに対する加納の支援は、のちに大き
な実を結ぶことになったのである。

第4項　長野で流した涙

　長野オリンピックを1年後に控えた1997年の初め、松下と
NHKの間で、長野オリンピック用に26インチプラズマディスプレ
イ3万台を納入するという契約が整った。驚くべきことに納期はそ
の年の秋となっていた。開発チームにとってみれば、圧倒的に時間が
足りない。

　加納率いる松下電子工業のプロジェクトチームは、本社テレビ機
器事業部の独断に頭を悩ませながらも、プラズマディスプレイの開
発に力を尽くした。週末の休日や夏休みも返上し、働き続けた結果、
不幸にして研究者が倒れ帰らぬ人となってしまった。

　加納は、研究室時代に2人、部長時代に1人の部下を亡くしている。
中には自殺に追い込まれてしまった人もいた。また、遺族が会社を訴

えるという事例もあった。最後は会社とご遺族の間で和解となったが、加納が今も胸を痛めている出来事である。

　そんな中、納期までに３万台ものプラズマディスプレイを生産することはとても不可能であることがはっきりした。NHKに３万台から３千台に減らしてほしいという旨を伝えたところ、NHK側も驚き高槻にある松下電子工業に駆けつけてきた。NHKの責任者は、プラズマディスプレイ開発の現状を目の当たりにして、さすがに３千台に減らすことを同意せざるを得なかった。しかし、予定していた納期になっても３千台の供給は不可能であった。それどころか１２月半ばになっても、まだ何もできていない状況であった。

　しかし、技術者たちはあきらめきれなかった。夜に日を継いでがんばった結果、年末ぎりぎりになってようやく５台だけ作ることができた。

　完成した５台のDC型プラズマディスプレイは、紅白歌合戦が開催されている渋谷のNHKホールに運びこまれた。ロビーに設置されたプラズマディスプレイには、まさに進行中の紅白歌合戦の映像が流された。

　しかし、放送開始後、２時間ほどで画面上に劣化が現れはじめた。スクリーンの上に点が浮かんできてしまったのである。技術者たちが苦心して作り上げたプラズマディスプレイは、約４時間弱の紅白歌合戦の間すら持ちこたえることができなかった。パネルはひそかに新しいものに取り換えられた。

　長野オリンピックまであと２か月しかなかった。

　それから、松下電子工業では日夜、修羅場のような労働状態が続いた。

プラズマテレビによる長野オリンピック
生中継デモ（NHK放送技術研究所提供）

それでも、なんとか８８台の
プラズマディスプレイを納品
することができ、オリンピック
期間中、長野駅などで展示され
た。オリンピック委員会の会長、
サマランチが泊まっていたホ
テルのスィートルームにも設
置されたという。

　しかし、劣化現象は解消されておらず、ほぼ毎晩のように新しいパ
ネルと取り換えざるを得なかった。

　長野オリンピックの閉会式に加納は、松下電子工業の森社長とと
もに出席している。日本国中に感動を呼んだオリンピックの閉会式
はまた加納にとって、心血を注いできた DC 型プラズマとの別れの
日でもあった。

　松本駅から乗った中央線の車内で加納はあふれる涙を抑えること
ができなかったという。

そのときの感情を尋ねると

「とにかく大変だったという思いがドッと押し寄せてきてな。みん
なががんばってくれたことや、大切な部下を亡くしたことや」

　複雑な表情でそう答えが返ってきた。

　長野オリンピックを一つの区切りとして松下電子工業は、DC 型プ
ラズマから AC 型プラズマの開発へと移行した。加納は、DC 型プラ
ズマの開発から身を引いた。自らの責任をすべて全うしたのである。

　同じ年の秋、加納は松下電子工業を定年退職したが、このとき、ラ
リーは加納が会社を去ることをたいへん残念がっている。最初は互

いに反発心からスタートした彼らの間には、共に仕事をするうちに、深い理解に基づいた友情が芽生えていたのである。

　加納が松下を去った後のプラズマディスプレイの運命についても触れなければならないであろう。

　加納があれほど心血を注いだプラズマディスプレイは、業界では高い評価を得た。しかし、時代が悪かった。そのころ、日本はバブル崩壊から一気にデフレへ陥り、人々は、1円でも安いものを買い求めるようになったのである。その点で、プラズマディスプレイは、不利だった。

　また、この頃からデフレ社会に呼応するかのように、家電量販店が日本各地に販売網を広げはじめ、家電の安売り競争が激化するようになってしまった。客側もこうした店舗では、値引きが当たり前という認識を持つようになり、安く買う＝得をするという風潮が世の中を支配した。

　家電量販店が誕生する以前の家電製品は、松下の「街のでんきやさん」を筆頭に、日立や三菱といった各メーカーごとに個人経営の販売店によって供給がなされていた。これは、現在も車のディーラーが基本的には自社メーカーの車しか販売しないのと、同じ販売スタイルであった。そうしたシステムもあってか、家電とは異なり車は現在でも値崩れを起こしていない。いっぽう、家電製品は他社と同じ売り場に並べられ、比較され、性能だけではなく価格の安さも購入の判断材料となっていったのである。これがのちに韓国、中国といった国々からさらに安価な製品が入ってきたときに、日本製品を駆逐してしまう遠因ともなった。

　話を戻そう。ブラウン管テレビの後継争いを繰り広げたプラズマ

ディプレイと液晶テレビは、１０数年後には、液晶テレビの圧勝となった。液晶テレビは価格競争で強さを発揮しただけでなく、液晶の技術革新が目覚ましい速度で進んだためである。

　２００５年の電子情報技術産業協会（JEATA）の統計を見てみると、プラズマディスプレイの国内出荷台数は４６万８千台と、液晶テレビの４２１万７千台の約１０分の１程度となり、大きく水をあけられる結果となっている。

　それでも、２０１０年には、松下のプラズマテレビは、プラズマディスプレイの中では、世界のトップシェアを占めていたが、液晶テレビの大型化や低価格化により、苦しい状況に追い込まれていく。２０１０年までに日立やパイオニアといったライバル他社が次々とプラズマテレビから撤退するなか、松下は最後までプラズマディスプレイにこだわった。

　尼崎にプラズマテレビの新工場を設立し、勝負をかけたが、これが裏目となった。２０１３年にはこの工場の売却が決まった。最終的にパナソニックのプラズマテレビを製作していたパナソニックプラズマディスプレイ社は、約５０００億円もの負債を残して倒産することとなった。

　このことが、冒頭の津賀社長の退任の際の言葉へとつながっていく。パナソニックのテレビ事業のつまづきの原因を作ったのは、加納本人が語るようにプラズマディスプレイの選択であることは間違いはない。しかし、撤退すべきときに撤退を躊躇した経営陣の判断ミスがさらなる悲劇を生んだと言えるだろう。

　じつは、定年退職後に加納は、一度だけ決死の覚悟で、当時のパナソニック社長中村に直談判を試みたことがある。

中村は、２０２０年に日本の勲章の最高位である旭日大綬章を受章して話題となったが、在任中は「破壊と創造」というスローガンを掲げ、松下電器からパナソニックへの社名変更や大幅な組織改革を行った人物である。大規模なリストラを断行したが、その際、優秀な技術者が韓国や中国に流れたと言われている。のちに、韓国や中国が世界のテレビ市場のシェアを日本企業から奪いとることができた原因の一つとして、パナソニックや他社の優秀な人材を獲得したことによって技術力が向上したからだと考えられる。

　また、プラズマ事業に陰りが見えていた中、尼崎に新工場を新設したのも中村であった。

　加納が中村を止めねばと思ったきっかけは、退職後に席をおいていた高知工科大学のゼミで何度か台湾に足を運び、自身の目で台湾のディスプレイ製造の現状を確かめたことにある。これは、松下に在籍していた時には不可能なことであった。むろん台湾がもともとモノづくりが得意な国であったことは加納も知っていたが、その進化のスピードは彼の予想を超えていた。自ら海外の状況を確認した加納は、このままではパナソニックが危ないと危機感を感じ、専務の大坪（彼はのちに中村の後を継いで社長となっている）を通じて、中村をいさめようとしたのである。

　中村がプラズマにこだわる理由として加納には思い当たるところがあった。それは、まだ中村が松下アメリカの社長だった頃、アメリカに出張するたびに加納が「薄型テレビはプラズマに限る」と、伝えていたという経緯があったのだ。技術担当者である自分に責任がある。中村に申し訳ないとの思いに突き動かされた加納は、翻意だとなじられても自分が中村を止めるべきだと決意し、中村に話をしたい

と専務の大坪に申し入れた。

「このまま、プラズマで突っ走るのはまずい。誰も言えないなら私が言うから、中村社長と話ができるようセッティングしてほしい」

　加納は必死にそう大坪に訴えたが、大坪は真っ青な表情で

「加納さん、それはできん。それだけは言うてくれるな。どうかこらえてくれ。もう走り出したものは止められないんだ」

　と、繰り返すのみであった。その苦しげな表情に加納は、これ以上、何を言っても無駄だと悟った。ただ、自分が長年勤めてきた松下という巨大な船が嵐に向かってまっしぐらに突き進んでいく姿が想像された。それはあたかも、無謀だとわかっていても止められず突き進んでいった太平洋戦争時の日本の姿に重なるようであった。

　事実、プラズマ事業のつまづきが原因となって、大坪社長の時代にパナソニックは2年連続して巨額な赤字を出すこととなったのである。2012年にはデータを遡ることができる1986年以降で初めて、パナソニックの株式時価総額が1兆円を下回った。1兆円割れは初めてのことだ。(出典：2012.11.12 Business Journal) その負の遺産を引きずり、今なお業績はかんばしくない。

　加納は、プラズマディスプレイにおける敗北の理由をNHKという存在の大きさであったと考えている。松下はNHKを大切にしすぎた。しかし、それも当然のなりゆきかもしれない。なにしろNHKは国の予算で動いている。予算は国会での承認が必要とされるため、松下電子工業もそのための資料づくりに翻弄された。とても民間企業の松下がNHKに対して物を言える雰囲気ではなかった。そのためにDC型にこだわった松下は、液晶への乗り換えのタイミングを失してしまった可能性がある。

さて、プラズマテレビとの競争に勝ち残った液晶テレビであるが、国内のテレビ事業をおこなっている電気メーカー各社は台湾、韓国、中国といった国々の台頭により苦境に立たされている。今、国内に自社でディスプレイを製造しているメーカーはほとんどない。

　松下に対抗して大型の液晶ディスプレイを製造していたシャープは台湾の鴻海に、東芝のテレビ事業も中国のハイセンスに買収されている。

　加えて、液晶テレビの対抗馬として有機 EL テレビが登場した。プラズマとの戦いを制した今、液晶テレビはまた新たな生き残りをかけて戦わねばならないのである。技術の進歩とはまた弱肉強食の世界でもある。生き残りをかけての戦いが終わることはないのだ。

　加納の退職後にパナソニックと社名を変えた松下が悲惨とも言える状況に陥ったことについて、

「プラズマで、その一端を生み出してしまった自分は一切の弁明をするつもりはないし、敗軍の将は兵を語らずである。全面的に負けを認める」

　と、総括した。生来の負けず嫌いであり「勝つまで負けない」をモットーに戦い続けてきた加納の意外な一面に驚かされた。しかし、その後、彼は自分に言い聞かせるように

「弁明することによって自分の気持ちを安らげようなどという考えは毛頭ない」

　と、つぶやいた。そこに加納剛太という人間の清廉潔白な精神性の真髄を見た気がした。水野が愛し、古池が慕った加納の人柄はこうした根源的な部分から生まれてきたものに違いない。

　インタビュー終盤、加納は次のような興味深い言葉を語った。

「負けとは死ぬことではない。次を戦うことである」

　彼は、退職後、この言葉を実践した。愛する古巣の凋落をただ眺める立場に甘んじなければいけなかった加納の新たな夢。それが彼にとっても生きる希望となっていたのである。その夢については、次章で触れることとしよう。

第5章　強誘電体メモリ

第1項　カルロスの夢のような研究

プラズマディスプレイを筆頭に、松下電子工業で様々な研究のリーダーとして忙しい日々を過ごしてきた加納の研究者人生の最後の希望の星に関する物語である。

じつは、日米補完協業に関連して、加納には、もう一人、重要な人物がいる。名をカルロス・アラウジョという。彼はブラジル生まれで高校生の頃にアメリカに移住してきた。いわゆる移民である。加納と同じで若い頃に苦労を経験しており、人一倍反骨心を持っていた。

カルロスは、アメリカで苦労しながらもコロラド大学の教授となり、一心に研究に取り組んできた。彼の研究テーマは、不揮発性の強誘電体メモリであった。電源を落としてもデータが消えないという夢のような技術である。じつはこのアイデア自体はかなり古いもので、イギリスの物理学者モットーが提唱したものだ。しかし、現実化することは非常に難しいとされていたため、誰もカルロスの成功を信じる者はいなかった。

カルロスにとって周囲の理解を得られない状況で、自身の研究成果を形にするには、資金面で厳しい状況であった。そんなとき、ラリー・ウェーバーと同じく、加納との出会いによって研究の道を切り開くことができたのである。しかし、カルロスが行っている研究は、単なる自己実現にとどまる類のものではない。彼の発明は人類の未来に大きく寄与する可能性がある。AIやIoTといったデジタル化がま

すます進展するために欠かせない技術なのである。

　冒頭で紹介した電子から量子への移行に、必ずや彼の発明が大きくかかわる。非接触型メモリや将来、半導体に代わる技術と期待されている量子スイッチといった発明を成し遂げたカルロスについて語る前に、まずは半導体の歴史を振り返ってみることとしよう。

　半導体とは、電気を通しやすい導電体と電気を通さない絶縁体の中間的な物質のことである。物質名で言うとケイ素やゲルマニウム、ヒ化ガリウム、リン化ガリウムといったものが代表的だ。このような物質を利用して、トランジスター、LSI などの集積回路、発光ダイオードなどが作られている。半導体メモリの大容量化、高速化で電子機器は大きな進化を遂げた。

　古くは計算機、ラジオ、コンピュータ、そして携帯電話といった電子機器から、エアコン、炊飯器といった家電製品まであらゆる機器に半導体技術は生かされている。もちろん ATM や通信、インターネットといった社会インフラにも半導体はなくてはならないキーデバイスである。

　半導体がなかった頃のコンピュータを紹介しよう。１９４６年、ペンシルベニア大学の研究室で、世界初めての真空管式コンピュータ「ENIAC」が誕生した。約１８０００本もの真空管を使っており、トータルで３０トンもの重さがある大きな機械であった。ENIAC を収めるために１６０㎡もの部屋が必要であった。

　それからトランジスタが発明され、やがてショックレーら三人の有名な研究者が半導体を発明する。その後の半導体チップの進化の歴史は、大容量化と同時に極小化の歴史でもあった。

　この分野の技術革新は非常に目覚ましいもので、わずか５０年と

たたないうちに、当時の３００万分の１のサイズへと進化してる。ペンシルベニア大学で産声をあげた世界最初の真空管コンピュータENIACから、今や小指の先ほどのサイズの半導体にまで進化を遂げているのである。

　チップのサイズが小さくなるのに反比例して、半導体メモリの容量はどんどん大きくなっていった。初期の集積回路スモールスケールインテグレーションから発展し、その後、ラージスケール、１９８０年代には１００万のトランジスタを集積したベリーラージスケール、集積素子数１００万～１０００万のウルトララージスケールと進化してきた。

　こうした半導体の進化は、様々な家電や電子機器、インフラなどの進化に寄与している。一例として、電話機の進化を見てみよう。

　日本では１８９０年に東京・横浜で電話サービスが始まっている。最初はアナログな交換手による手動の接続からはじまった。やがて昭和に入ると各家庭にダイヤル式の黒電話が設置された。１９８５年、電電公社が民営化されると、留守番電話やファックス機能を搭載したものなど多彩な電話機が登場した。次の進化は固定式から移動式電話への移行である。最初は、重いバッテリーが持ち運べる自動車電話が開発された。その後、セルラーフォン、スマートフォンへ、これも半導体の小型化がなければあり得なかった進化である。

　集積回路は、１９５０年代の終わりから１９６０年代にかけてアメリカのテキサス・インスツルメンツのジャック・キルビーやフェアチャイルドセミコンダクターのロバート・ノイズらによって開発された。その進化としては集積回路に使われている線の幅が目安となる。

インテル創業者の一人であるゴードン・ムーアは、経験則上「半導体の集積率は１８ヶ月ごとに２倍になる」というムーアの法則を示しているが、実際に集積回路の微細化は、ほぼその道筋をたどっている。

　１９５０年代までは、回路の線幅は、髪の毛の太さ６０ミクロンほどであったが、５０年代半ばになると、２０ミクロンほどのバクテリアのサイズになり、１９９０年代以降は、ついには２ミクロン以下の大腸菌サイズに。２０００年代以降はナノメートルの単位で開発が進み、ウエハー構造など、微細化が極限状態まで進んでいる。しかし、これ以上微細化が不可能となった場合は、技術的にチップが作れなくなってしまう。

　しかも、市場のニーズは待ったなしである。IoT や AI の普及に伴い、ますますデータ量は増大する。

　そこに風穴を開けようとしているのが、カルロスの研究である。IoT や AI がさらに進展した世界では、物理学自体を変える必要があるという発想から、CeRAM、量子スイッチという考え方が生まれてきた。電子から量子へのパラダイムシフトである。

　電子から量子への移行はかなり難しい技術で夢物語である。というのも、電子のふるまいはある程度目で見えるが、量子は人間には理解しがたい動きをするからである。

　前置きはこのくらいにして、カルロスと加納の関係性について語ることとしよう。

第２項「Believe me!!」

　１９８７年、一人のアメリカ人コンサルタントが加納の元を訪れ

ハンク・ペリー氏とブラッドモアホテルにて

た。彼の名はハンク・ペリー。本人はこのとき、自分は１８００年代半ば、黒船で日本にやってきたあのペリーの末裔であると名乗っている。加納は、彼のルーツに関する言葉は、半ば疑いつつ聞いていたが、彼が持ってきた強誘電体メモリの話には興味を持った。

　その研究を行っているのは、コロラドスプリングスを拠点にベンチャー企業を経営するカルロス・アラウジョという名の人物だという。カルロスは、コロラド大学スプリングス校の教授という肩書も持っていた。彼の経営するベンチャー企業シンメトリックス社は、大学との共同設立によるものであった。カルロスは、ラリーと同じく、アントレプレナーだったのである。

　アメリカでは、大学に籍を置きながら起業することはごく当たり前のことである。ひとりで複数の事業を立ち上げることも珍しくない。しかし、せっかく起業しても資金が続かず倒産となってしまうケースも少なくない。カルロスが経営するシンメトリックス社も慢性的な資金不足に苦しんでいた。ハンクは、シンメトリックス社のコンサルタントを請け負っていた。その業務の一環として、日本の大手企業をあちこち訪問して回っていたのである。

　来日当初、ハンクは、松下電器に足しげく通っていたが、全く相手にされなかった。ところがある日、研究部門トップの水野に会うことができ、彼から松下電子工業の加納を訪ねてみろとアドバイスを与

えられたのである。ハンクはすぐさま高槻の松下電子工業を訪ねた。

　ハンクは、加納に対して熱心にカルロスの研究について説明した。その詳しい仕組みについて加納は理解できなかったが、直感的に面白いと感じた。ハンクがとにかく渡米してカルロスに会ってほしいと懇願するため、加納はカルロスに会うことにした。

　渡米した加納はハンクの計らいで、コロラドのブラッドモアというホテルに宿泊した。加納が泊まった部屋は、カイフ・スイートと呼ばれた豪華な一室であった。第７６、７７代総理大臣を務めた海部俊樹が宿泊した部屋にちなんでそう呼ばれていたのである。ハンクとしては、何としてもこの話をまとめたいという強い思いから、加納に極上の部屋を用意したということのようだった。

　翌日は寒い日となった。同じホテルの会議室で、カルロスとのミーティングがセッティングされていた。ところが、加納が部屋に入っていくと、カルロスは愛想のいい顔ではなく、加納に「私の技術を買いにきたのか？」と尋ねてきた。

　加納は、
「違う。あなたの技術を信頼して買いにきたわけではない。まずはどんなものか確認しにきただけだ」
　と、きっぱりと答えた。するとカルロスは
「それなら、この会合は終わりだ。帰れ」
　と、怒り出した。後でわかったことであるが、ブラジル生まれのカルロスは、感情の浮き沈みが激しいタイプであった。このときは何が気に入らなかったのか、最初から不機嫌な感情を隠そうともしなかった。そのため、この日のミーティングはわずか３０分で終了してしまった。

　あせったのは、ミーティングをセッティングしたハンクである。なんとかカルロスの研究を続けることができるように、遠く日本から客人を呼び、豪華なスイートルームに泊まらせたのをこのまま終わらせるわけにはいかないと思ったようである。

　ハンクは、加納に
「なんとかもう一度カルロスに会って話を聞いてくれ」
と頼み込んだ。加納にしてみれば、いい気分はしなかったが、それよりもカルロスの研究に興味があったためにハンクの願いに応えることにした。

　そんなわけで、日を改めて加納とカルロスは再び顔を合わせることとなった。

　カルロスは、感情のままに自分の技術がいかに素晴らしいものであるかということを延々と加納に向かって説明しつづけた。会談中、カルロスは何度となく「ビリーブ・ミー」と繰り返した。しかし、加納にとってみれば理論に基づかないカルロスの話は理系の人間としてとうてい納得できるものではなかった。なにしろ今までの既成概念にとらわれない全く新しい技術ではあったが、あまりにも夢のような話で、企業の一研究員として話を聞くととうてい実現不可能に思えたのである。

　加納は、話を聞いたうえで、カルロスに対して、自分の感情のみで相手を説得できると思ったら間違いだと彼のプレゼンの弱点を指摘したうえで、それでも
「話を持ち帰って検討する」
と結論づけた。なぜか加納の直感が不思議にカルロスの「ビリーブ・ミー」という言葉に呼応していたのである。それは技術者として

の理性的な判断とはまた別の部分、もっと奥深い人間の感覚として、この男は信用できるという直感だったのかもしれない。当時、加納は４０歳代であったが、今まで日本、海外に限らずどの相手に対してもこのときカルロスに感じた不思議な感覚を覚えたことはなかったという。

日本語で「百聞は一見にしかず」という言葉がある。英訳すると「Seeing is Believing」となる。しかし、カルロスは「Believing is Seeing」と言った。加納はその言葉を「信じてさえくれれば、必ずやり遂げて見せる」という意味だと解釈した。

加納は、カルロスの中に「勝つまで負けない」という強い意志を感じた。それは、日々、大企業の松下社内において、多くの人の軋轢の中で、もがき苦しんでいる加納自身の気持ちに近いものであった。結果、これ以降、二人は人類のための新しい価値創造という夢に向かって長い旅を共にすることになるのである。

いっぽうカルロスのほうは、これまでもオリンパスや NEC など、たくさんの日本企業に売り込みをした経験があった。ところが、いずれも色よい返事をもらったことがなかったのである。おそらくその中には、日本人特有の、その場では色よい返答をしつつ、後になって断りを入れるというやり方もあったかもしれない。ラテンの血をルーツに持つカルロスにとっては、日本人の優柔不断な態度は理解しがたかった可能性がある。あるいは、初対面でカルロスが頑な態度を見せていたのは、いくつかの日本企業にすげなくされた経験があったからかもしれない。

ところが、加納は違った。初対面の相手に対してもはっきりと NOと言えるタイプの珍しい日本人だった。そのことをカルロスもまた

直感的に悟っていた。

「まぁ、他社の人たちは私より賢かったから、スッと逃げたんやろな」

　加納はそう茶目っ気たっぷりに笑う。

　加納は、カルロスに約束をしたとおり、松下電子工業に戻って検討をはじめた。そのことを知ったカルロスは、態度を一変させ、今度は加納に対して熱心に働きかけるようになった。カルロスが研究を続けられるかどうかは、加納にかかっていた。

　しかし、社内では加納が新しい研究に取り組むことに対して風当たりが強かった。しかも、簡単な技術ではないことが問題視された。誰もがカルロスの研究を夢物語だと首を横に振った。ただ、加納とカルロスだけが、できると信じていた。それほどまでに難しい挑戦であったのだ。しかし、加納はしばらくの間、じっと待たねばならなかった。どうがんばっても、上司の許可が得られなかったからである。

　数年経ってもカルロスの研究は形にならず、松下電子工業の中での加納の立場も苦しくなった。聞えよがしに嫌味を言う研究者もいた。そもそも、研究所には頭でっかちの高学歴研究者が多かった。加納のように、がむしゃらに研究に取り組むタイプは敬遠されがちだった。加納にとって周囲は敵ばかりであったが、それでも加納はカルロスを信じて、この研究をやり遂げる決意を新たにするのだった。

第3項　研究所所長となって

　やがて朗報が届いた。加納が研究所所長に昇格したのである。そのとき加納は、自身の出世を喜ぶよりもまず

コロラド・スプリングスのカ
ルロス氏の自宅にて

「これでようやく、カルロスの強誘電体メモリの研究がはじめられる」

そのことを喜んだ。

加納は水野のもとを訪れることにした。当時の加納にとってみれば、責任者として統括していた半導体やプラズマ事業がうまくいっていないという弱みがあった。それでも加納は水野に対して、カルロスの研究をやりたいと訴えた。

「理屈はわからないが、この研究には夢がある。だからぜひとも、やらせてほしい」

そう情熱的に訴える加納に対して、水野から返ってきた言葉を加納は今でもはっきりと覚えている。

「加納君、わしはそれが君の良いところやと思う。だからやってみろ」

これ以上のありがたい言葉はなかった。加納は、体の奥底から力が湧いてくるのを感じた。

この思い出を話すとき、加納は、ひときわしんみりした口調になった。おそらく数年前に鬼籍に入ってしまった水野の思い出が胸に蘇ってきたのであろう。加納にとっては、心から頼れる上司であり、先輩、そして盟友であった。

水野の力強い後押しをもらって、加納はカルロスの夢の研究にむかって前進することとなった。

このとき加納は、以前のがむしゃらな態度とは異なり、慎重な戦略をとっている。

　その戦略には、携帯電話が大きくかかわることとなるため、まずは日本における携帯電話の歴史を簡単に振り返ってみたい。

　携帯電話の初期は、自動車電話からスタートしている。１９８５年電電公社から民営化したばかりの NTT が初のポータブル電話ショルダーフォンを発売した。これはカバンのような形の無線機本体と電池を運ぶタイプのもので見た目にもスマートとはいいがたいものであった。二年後には、無線機ほどの大きさの携帯電話が発売された。１９８９年には、従来の携帯電話に近い仕様の携帯電話 MOVA が発売された。その後、携帯電話は小型化、薄型化が進み、１９９７年にはインターネットメール機能が搭載されている。１９９９年にデジタルへ移行。インタネット接続サービスが始まる。２０００年代に入るとカメラ付き携帯が発売された。２００４年携帯で支払いができるオサイフ・ケータイサービスが始まる。２００８年日本ではじめて iPhone が発売される。その後、各社がスマートフォンを発売。２０１５年頃には、スマートフォンが主流となったが、この頃にはテレビと同様に韓国、中国のメーカーが強くなり、国内メーカーは携帯電話市場からの撤退が相次いだ。

　この携帯電話の歴史に、加納とカルロスの研究が大きくかかわっている。

　最初に加納にチャンスが訪れたのは、１９９１年頃のことだ。NTT から水野に対して、新しい携帯電話（PHS）開発の協力依頼があった。水野は、松下の長寿命バッテリー技術と、かつて加納が開発したガリウム砒素チップで協力できると返答した。しかし、新しい携帯電話のチップは現行のものより小さくすることが必要だった。

　加納はこのチャンスを見逃さなかった。カルロスの技術が使える

と直感したのである。すぐさま加納はコロラドに飛び、カルロスと面談をした。それはカルロスが目指していた本筋の研究ではなかったが、彼の経営するシンメトリックス社の持つ技術を用いることで目標としている携帯電話用のチップの製造が可能となることを確信する。

　１９９１年、松下電子工業はシンメトリックス社と共同開発契約を締結した。その結果、シンメトリックス社は１００万ドルの資金を松下電子工業から得られることになった。加納の戦略が見事にあたったのである。

　この頃になると加納の社内における処世術が巧みさを増してきていた。一流大学出身の頭がきれる経営陣や保身に走りがちな幹部たち、ひと癖もふた癖もあるプライドの高い研究者たちの間で、渡り合っていくためには、ある種の権謀術が必要であることを痛感していたのである。

　言ってみれば今回の機会も、カルロスが目指す量子の研究を続けるためのステップとして加納はとらえていた。端的に言えば、カルロスの研究を続けさせるために、いかに松下から資金を出させるかという戦略でもあった。

　カルロスの必死の努力のかいがあり、７カ月後には、以前の５０分の１までダウンサイジングされたチップが完成した。このブレークスルーのおかげで携帯電話は、驚くほどの小型化に成功したのである。このガリウム砒素チップ普及の背景には、いま一つのストーリーがあった。１９７０年代の後半にはテレビ放送に UHF チャネルが加わり、そのチューナーに MMIC(マイクロ波集積回路)を使うことに加納はチャレンジし始めていた。その電波受信部には低雑音でミキ

シングができる増幅機能が必要だった。携帯電話の普及と併せて民
生用機器への量産が可能なガリウム砒素 MMIC の開発が急がれた。
南部修太郎がリーダーとなってこの開発を成功させ、同期の古池が
率いるディスクリート事業部にこれを引き継いだ。携帯電話の急激
な普及と相まって、その事業は順調に伸びていった。

　巷では携帯電話が大ヒットし、１９９４年にはこのチップを月産
１００万個、１９９６年には月産３００万個、出荷するようになった。
当時、日本の市場では携帯電話５台のうち４台に松下のチップが使
われていたという。その結果、この事業は、２０００年には１０００
億円を超える売上高をたたきだしている。

　また、この技術に対して、日本経済新聞社の新製品開発賞や大河内
賞を受賞することになった。

　カルロスは、変わらず強誘電体の研究を続けていた。そして１９９
１年に新しい強誘電体材料を発見したのである。この発見によって、
強誘電体メモリ開発への道が開けた。

　このときカルロスは日本にいる加納に国際電話をかけてきて、そ
の喜びを電話口で爆発させている。現地アメリカはまだ夜明け前の
時間帯のはずである。カルロスはこの喜びを一刻も早く加納に伝え
たいと思ったようで、夜が明けるのを待ちきれなかったのだろう。加
納の胸にもカルロスへの祝福の思いと、喜びが沸き上がっていた。

　加納はすぐに動いた。この強誘電体メモリを新しい研究テーマに
したいと松下電子工業の中で図った。しかし、誰も賛成するものはな
かった。そこで、加納は本社の水野を頼った。このときも水野は加納
の背中を押してくれた。ただし一度、カルロスに会いたいとだけ条件
をつけた。

第4項　半導体における世界の権威からのアドバイス

　数か月後のことである。水野の求めに応じてカルロスが来日した。

　この日、水野にカルロスを合わせることはすでに決まっていたが、その会合の前に加納は、慎重の上にも慎重を期すことにした。大阪大学時代からの学友であり、現大阪大学名誉教授の濱口智尋にカルロスの研究についての意見を求めることにしたのである。あるいは、どこか無意識の内に、加納自身が覚悟を決めるための最後の一押しを欲していたのかもしれない。

　濱口先生は、半導体研究の世界的な権威である。半導体物性、半導体デバイス物理等が専門分野であり、カルロスの研究について意見を求めるのには、これ以上の適任者はいなかった。こうした人の縁に恵まれている点も加納の持つ強運の一つに数えられよう。

　水野との会合を前に加納はカルロスを伴い、濱口先生と昼食を共にした。その席で、カルロスの説明を聞いた濱口先生は、カルロスの論理的思考や説明には問題はないという前向きなアドバイスをしてくれたと加納は記憶している。半導体分野の専門家から太鼓判を押してもらった加納は安心して、カルロスと水野の会合に向かうことができた。

　加納にとって、濱口先生は実に頼れる存在である。長年の友人であるということに加えて、のちに高知工科大学教授となった加納のよき相談相手であったり、子女の事でも世話になる機会があった。まさに公私ともに肝胆相照らす仲なのである。

　大阪ビジネスパーク、ツイン２１タワー、その最上階には松下の貴

賓室レストランがあった。その場で、水野とカルロスは初めての対面を果たす。

　その後、協業に関する交渉が行われ、スムーズではなかったが最終的に締結に至る。松下電子工業とシンメトリックス社の間でライセンス契約および共同開発契約が結ばれた。

　そして、加納にとっての試金石となる日米補完協業がスタートしたのである。

　この加納がたどり着いた日米補完協業というビジネススタイルは、日米それぞれの強みを生かし、協力してビジネスを生み出していこうというものである。アメリカ人の強みは、発想や開発、設計にあり、どちらかというとソフト分野が得意である。一方、日本人は解析や分析、そしてハードづくりに力を発揮する。

　戦後すぐの日本は、とにかく欧米に追い付くことだけを目的としてやってきた。日本がアメリカに追いつき、ジャパン・アズ・ナンバーワンと言われるようになったが、いざ日本がトップランナーとなってみると、そこには何もなかった。創造性や発想力といった自ら何かを作り出すための力が決定的に欠けていたのである。一方、アメリカ人はアイデアがあっても、それを現実化したり、形にすることが苦手であった。モノづくりという点においては手先の器用な日本人が得意としていたのである。

　そこで、加納が考えたのが、日米補完協業というスタイルであった。アイデアを持つアメリカ人とモノづくりが得意な日本人が組むことで、新しい製品を生み出していくというやり方である。この方法は互いの欠点を補い合って、うまく機能した。アメリカ人の創造力と日本人の正確な作業力、この二つが加納の読み通り、うまくかみ合ったの

である。

「アメリカには荒野を切り開いてきたフロンティアスピリットがある。挑戦する力が備わっているのだ」

　加納はアメリカ人の中に通底する精神性をそう語る。

　日米補完協業が、うまく機能した理由は他にもあった。アメリカ人は合理的ではあるが、細かい作業を集中して行うことが苦手である。手先が器用で、作業に正確性を規する日本人がその欠点を補うことができた。また、働き方についても同様に、合理的で賃金の多寡によって割り切るアメリカ人に対して、日本人は何事にも真面目に取り組むことを好んでいた。

また、日本人は改善することが得意である。製品開発はトライ＆エラーの繰り返し。うまくいかなかったときに、その原因を探り、よりよい製品を作り上げることにつながったのである。

　現在で言うと、中国が各国の技術や知的財産権を鵜の目鷹の目で自分の国のものにしようと画策している。チャイナリスクの一つにも数えられる各国にとっての頭痛の種である。当時の日本が今の中国と大きく異なる点は、アメリカ人を尊敬して正直に学ぶという姿勢を示したこと、また二国間のルールを守っていた点については、あえて触れておきたい。

　カルロスの研究に戻ろう。

　カルロスのアイデアを強誘電体メモリという形にする。そのためには、松下電子工業の研究チームは、一丸となって事に当たる必要があったが、中には非協力的なメンバーもいた。その理由はさまざまで、まずは、カルロスの研究が夢物語で、実現不可能だと思い込んでいる者、そして、やがて失敗しそうなリスクの高い研究に携わることで自

分の出世に差し障るのではないかと逃げ腰になっている者、契約書に書かれていること以上のことは一切しない消極的な研究者もいた。

　研究者たちは、こうした非生産的な態度に加えて、自分たちの研究成果に関する情報をシンメトリックス社側に出し惜しみをした。このような状況で互いの信頼関係が醸成されようはずはなかった。日米補完協業は、互いの弱点を補い合って、よりよい研究成果を得るための協力である。そのために、互いの情報をすべてオープンにし、前向きに協同作業を行っていく必要があった。加納は、松下電子工業とシンメトリックス社の関係をいい状態に保つことに心血を注いだ。それは、自身が直接、研究に携わっているよりも難しい仕事であった。

　そんな加納の姿を目の当たりにしていた松下側のグループリーダー、大槻達男が加納のよきサポート役になってくれた。もともと科学的な思考力と冷静な判断力に優れていた大槻は、日米間の協力体制をうまくまとめ上げ、カルロスとも確たる信頼関係を築きあげることとなった。いつしか加納の情熱が大槻にも伝播したようであった。

　松下電子工業側から、コロラドのカルロスの元へと技術者を派遣し、直接的な理解を得るとともに、実践的な協力体制を敷いた。

コロラドスプリングスのシンメトリックス本社にて水野氏・マクミラン社長らと

　発明という意味を持つ invention という言葉は、ラテン語の inventus に由来するそうであるが、これは、「なにかがやってくる」という意味なのだそ

うだ。つまり人と人との新しい出会いこそが発明につながっていくのである。

そうして加納の苦労が実ったのが１９９６年のこと。松下がシンメトリックス社の株式のうち１０％を５億円で買い取ったのである。このことにより、シンメトリックス社の財務状況は改善された。また、株式のうち１０％の買い取りだったことで、シンメトリックス社の独立性は担保されたのである。

のちにカルロスは、松下の協力なくしてはシンメトリックス社は存続できなかったと語っている。そして、松下から資金を捻出するために、知恵を絞っていたのが、加納であった。

第５項　国際詐欺師と呼ばれた男

「のちに私は国際詐欺師よばわりされたもんですわ」

そう笑う加納の暗躍具合とはどんなものであったのだろうか。長年、松下電子工業の社長を務めていた三由が勇退した後、比較的短い２〜３年というサイクルで社長が入れ替わった。通常、どの組織でもトップが変わるとプロジェクトの見直しなどが行われることが多い。

しかも、目に見えて成果が出ていたり、分かりやすい研究であれば、問題なく継続の認可が下りるであろうが、強誘電体という門外漢には理解が難しいプロジェクトを加納は守り抜いたのである。

そのために彼は、ちょっとした工夫をこらした資料を用意していた。投資や短期・長期の売り上げ、商品販売量、試作品のためのロードマップなどである。最後に図示されたグラフには、最初の期間は低調に推移するものの、五年後には飛躍的に売り上げと生産量が増え

る様子が描かれていた。しかし、内実を打ち明けると、この売り上げ
には、現在開発中の強誘電体チップのみならず、現在売れている携帯
電話チップも含まれていたのである。松下グループの他部門から着
任してきた新社長はそのような内実までは、とても理解できない。

　こうして加納は、3人の新社長から強誘電体メモリ開発のための
予算をしっかり確保することに成功している。ちなみに新社長への
プレゼンテーションの都度、グラフの数字を書きかえるだけでよか
ったという。

「松下電子工業の新社長は5人くらい次々と代わったが、みんな研
究所を怖がるんやね。社長就任のあいさつで判で押したように『加納
さんには騙される覚悟できました』と言ってた」

　どうやら、加納の剛腕ぶりは、他グループの間にまで知れ渡ってい
たようである。

　加納は、部下を育てることにも熱心であった。この頃、加納の下で
4〜5人の博士が育っている。彼らは、忙しい仕事の合間を縫って研
究成果を論文にまとめていったのである。もちろん加納の指導によ
るところは大きい。仕事と研究のバランスをとらねば難しいことで
ある。また、加納の長年の友である大阪大学の濱口先生の協力も大き
かった。大阪大学工学博士の肩書きをもった研究員がたくさん誕生
している。

　さて、加納は強誘電体メモリの次なる売り込み先を探して、国内の
いろいろな企業を巡った。今度の目的は非接触型スマートカードで
ある。アメリカ国内は、カルロスと一緒に、最も理解を得られそうな
半導体企業としてアリゾナにあるモトローラ社、そして、アイダホに
あるマイクロン社などを訪問し、熱心に売り込んだ。モトローラ社は

特に反応が良く、日米補完協業の意味の理解に立って、加納との信頼が築かれるようになっていった。

退職の日、森下社長よりねぎらいを受ける

しかし、残念なことに加納が全身全霊をかけてその開発を推し進めてきた強誘電型メモリを用いた商品が世の中に広まるところを松下の社員として送り出すことはできなかったのである。彼のタイムリミットが迫っていた。

１９９８年、加納は社の規定により定年退職することとなった。

定年退職の日、長岡京市の自宅に後輩の古池が加納をねぎらうために訪ねてきてくれた。

そのことを喜んだ加納は、加納家に伝わる武士道についての字句が書かれた一幅の掛け軸を進呈した。そこには彼のこれからの戦いへのエールが込められていた。

加納の後を引き継いで、強誘電体メモリのプロジェクトを進めた古池はのちに

「加納さんにあんな掛け軸をもらってしまったから、たいへんなことになった」

と、冗談めかした言葉を加納に伝えている。

のちに古池は、研究所から松下電器産業へと移り、経営に携わるようになった。大坪社長の時には副社長を務めている。本人の言葉通り、中村、大坪という二人の社長の下で古池は、大変苦しい思いをした。あれよあれよという間にプラズマ事業が悪化し、パナソニック全体

古池氏、カルロス氏と京都祇園にて

の足を引っ張るように
なってしまった時期で
ある。

　古池は大阪府立大学
の出身で、性格的にも二
人は似ている部分があ
り、よく気が合った。

「古池君は、私の背中を
一番よく見てくれていた。部下の中では、私の一番の理解者だった」
と加納は語る。

　今でも時折、二人は電話で松下時代の思い出を語り合う仲だ。そん
なあるとき、加納は古池から

「加納さん、カルロスとラリーのこと、NY の IBM 文化と西の開拓
文化、シリコンバレーのことを本にして残すのは、加納さんの義務だ」
と、はっぱをかけられるそうである。

　実際のところ、この強誘電体メモリの技術は、素晴らしい成果とな
った。２００２年文部科学大臣賞科学技術功労賞を受賞した古池を
はじめ、その後を継いだ技術者たちがこの技術によって２０１７年
電気科学技術賞（旧オーム技術賞）、２０１８年市村産業賞などの大
きな賞を受賞している。

　この技術は最終的に JR 東日本の Suica カードに結実された。IC
カードを用いた自動改札システムである。Suica 開発の歴史は、また
苦難の歴史でもあった。いくつかのブレイクスルーが必要であった。

　中でも JR が最もこだわったのは、改札システムの安定的な稼働
である。 JR 東日本が管轄する都心の駅では朝夕に激しいラッシュ

が発生する。この人の流れを止めることなくスムーズに処理することが求められた。加えて、運賃を正確に計算処理し、そのデータをカードに保持することが必要であった。

　当初は、非接触型のカードを開発する予定であった。改札機に触れることなくカードをかざすだけで通り抜けができるシステムである。

　しかし、それにはいくつもの高いハードルがそびえていた。まず、改札機が非接触型ＩＣカードを認識し、カードからのデータの読み出しと、書き込みを行う必要がある。しかも、実際に計測を行ってみたところ、早い人ではわずか０．２秒で改札のデータ領域を通り抜けてしまう。この短い時間の間にデータの読み書きが行えるカードとそれに対応した改札機の開発には長い年月を要した。何度か実際の駅で実験も行ったが、うまくいかない。

　しかし、実験を行ったことで明らかになった問題点があった。それは、ＩＣカードの読み取りができる空間というのが、人間の目には見えないために、人々がそれぞれバラバラな場所にカードをかざしていたのである。人によっては、領域外にカードをかざしてしまうこともある。

　そこで考え出されたのが、「タッチ＆ゴー」方式である。カードを軽く改札機の読み取り部分に触れることで、０．２秒という速度の壁と、スムーズな人の流れを確保できた。利用者側にとっても、どこにカードをかざせばいいのかという目安ができたことで、無駄のない動きが可能となったのである。Suica にとって、この発想の転換が大きなブレークスルーとなった。

　鉄道の切符の進化系として誕生した Suica カードであったが、その後、鉄道事業のみならず社会インフラへと成長した。２００４年に

電子マネーの機能が搭載され、駅の売店などで小銭のやりとりをせずに買い物ができるようになった。

　２００６年には携帯電話に Suica の機能を持たせたモバイル Suica がスタートする。その後、バスや他社カードとの連携など、用途の広がりと、利用者の利便性の向上が高まっている。イノベーションが社会をよくした好例と言えよう。

　そしてカルロスの挑戦は今も続いている。電子から量子の世界へ。加納とカルロスが夢みた発明が今、もうすぐ結実しようとしているのである。

　シンメトリックス社が独占的に技術を提供している ARM 社が、２０２０年アメリカ半導体大手 NVIDIA に買収されるというニュースが話題となっているが、これによりカルロスの発明がいよいよ次代への進化を引き起こす可能性が高まっている。

　加納に、なかなか結果が出ない中カルロスの研究が成功することを信じるのは大変だったのではないかとたずねてみた。

「モットー転移を実現化しようという試みは、学会でも疑いの目で見られた。もちろん社内では『君はいったい何を考えているんだ』と異常者扱いされた」

　周囲のほとんど全員が「無理だ」と口をそろえていたそうだ。

　そんなとき加納は、幼い頃によく似たことで父と議論をしたことを思い出した。

　父親は加納に対して「１０人に１人でも賛同者があれば、やってもいい」と言っている。

まるで将来の加納の立場を予言するかのような、父の言葉を深く胸に刻んだ加納少年であった。

しかし、ことカルロスの研究に対しては、ほぼ全員が反対という立場だったという。

　そのことに加納は、むろん葛藤を感じたが、それよりもムクムクと勝ちたいという気持ちが湧き上がってきたのであった。カルロスも加納と同じ気持ちだった。周囲に無理だと言われ続ける中、カルロスもまた「勝つまで負けない」という気概を胸に研究に取り組んだのである。そういう点で彼ら二人は、精神的に支え合い共鳴しあっていた。資金以外にも加納は精神的にもカルロスを支えてきたということになる。

「結局ね、『正常が異常を求め、異常が正常を生む』という信念を共有しているんですよ。こういう言葉の使い方をすると家内に怒られてしまうんだけど」

　進化というものは、平凡な発想から生まれるものではなく、一見、異常とも思える突飛なアイデアの中にそのシーズがあると言えるのかもしれない。地動説や相対性理論がそうであったように。

　加納は、こうも言った。

カリフォルニアのモントレーでの FeRAM に関する学会発表のひとこま

「インテルの会長だったアンドリュー・グローブが書いているが『パラノイアだけが生き残る』偏執狂のように取り組んでいかないと、変化の激しい技術の世界では、生き残れないということ。

私も同感だ」

　その言葉の背景に、加納が背負ってきた責任の重さと、決断することの難しさを垣間見た気がした。

第6章　異端の大学教授として

第1項　あらたな大地に立つ

　さて、加納が松下電子工業を退職した後も、まだ世の中のほうは、彼を必要としていた。加納は、１９９７年に高知県に開校された高知工科大学に大学院起業家コース教授として着任することとなったのである。これもまた水野からの依頼であった。

　この話を受けるかどうか迷った加納は、長年の友人であった大阪大学の濱口先生に相談を持ちかけている。その際、濱口先生から「企業出身の加納君にとっては、アカデミアの世界の常識を理解することは相当な忍耐が要求されるであろう」とのアドバイスを受けた。それを聞いた加納は迷ったが、高知工科大学の初代学長、末松安晴先生の「博士号の審査について、これまで旧帝大で行われていたような論文審査ではなく、工業の基準に合わせて審査を行いたい」という理想を知り、また高知の地域おこしのために自分の力が役立てることができるならばと、新たな地表に足を踏み入れる決意をしたのである。しかし、実際に大学に身をおいてみた結果、濱口先生の言葉通り、のちのち加納は厳しい経験をすることとなった。

　ともあれ意を決した加納は、４０年近くに及ぶ自らのサラリーマン生活を終えた感慨にふける間もなく、高知へと飛んだ。高知という土地に足を踏み入れて感じた，長年暮らしていた京都との一番の違いは、高知が海に面していることであった。それも太平洋の大海原である。何一つさえぎるもののないどこまでも続く海原は、フロンティ

アを感じさせた。しかも、この海は、共に手を携えてきたカルロスやラリーが暮らす土地、アメリカにつながっているのである。加納は、我知らず心が浮き立つのを押さえきれなかった。新しい夢に向けて、加納は自分の力を余すところなく発揮しようと決意をしていた。

濱口先生と高知県桂浜にて

　一方、この大学に関する地元の期待も高く、加納は着任早々、地元FMラジオ局のインタビューを受けている。若くて美しいアナウンサーに起業家コースの新任教授として着任する意気込みを問われた加納はとっさに「夢とロマンと挑戦」と答えた。それまで全く頭になかった言葉がポンと浮かんできたので本人も驚いたという。この言葉は、その後、加納の座右の銘となり、今もホームページのトップページを華々しく飾っている。ラジオで流す曲を尋ねられた加納はエルビス・プレスリーが歌う「マイ・ウェイ」をリクエストした。自分の人生で起こったすべての出来事に対して後悔していないという内容の歌である。

　この大学は当時の高知県知事、橋本大二郎が旗振りを行い、それまで大学工学部がなかった高知県に、産業を興し、かつ工学に優れた人材を育成することを目的として１９９７年に開校されたものである。高知は、幕末の志士として人気が高い坂本龍馬や武市半平太の出身地であり優れた人材を輩出しているにもかかわらず、なぜか産業が発達しない。都道府県別のGDPも下から二番目の４６位となってい

る。

　そんな高知県に、ビジネスを創造する必要性があるとの判断から、日本初の大学院起業家コースが開講されたのであるが、この試みは、各方面から注目された。高知工科大学大学院起業家コースは、技術や経営的な戦略をもとに技術研究から事業化までの流れをトータルにとらえられるような人材の育成を目指しており、主に学ぶのは社会人学生である。

高知工科大学大学院での講義風景

　海外に比べて日本では、リカレント教育の遅れが指摘されている。内閣府の資料によると、2015年のデータでOECDに加盟している各国のうち4年生大学への25歳以上の入学者割合を見てみると下から二番目、わずか2．5％という少なさである。最も多いスイスでは29．7％、約3割が25歳以上の年齢で大学に入学している。とはいえ、日本人がリカレント教育に興味がないというわけでは全くない。同じ内閣府の調査によると、社会人のうち約7割は、自己啓発に興味があると回答している。しかし、仕事の忙しさや周囲の理解不足により、大学での学び直しに消極的であると分析されている。

　一方、起業という側面から見ても、やはり日本は海外に比べて意識が低いという結果が出ている。終身雇用制度、安定志向、失敗を受け入れない国民性といったものが起業に対するチャレンジマインドを失わせていると分析される。

高知工科大学大学院は、生涯教育のための受け皿であるとともに、起業のすべてを学べるとして、学術と産業界を結ぶかけ橋としての意義を有していた。起業家＝ベンチャーという狭義の意味にとらわれることなく、新事業の創造をテーマとして、大企業や中小企業の研究者や幹部、経営者といった人材が学生として学ぶための場である。社会人学生が学びやすいようにという観点から、高知のほかに東京、大阪にもサテライトキャンパスが設置された。そのため通産省の若手官僚なども学生として学びに訪れたという。

高知工科大学で博士号を取得したラリー・マクミラン氏（中央）ご夫妻と

　その理念は、世の中の役にたつものを作るのが研究であるという加納の考えにフィットした。高知工科大学の大学院は、社会人を専門に受け入れる大学であったことも、加納にとって、ぴったりの教育環境であった。１９９７年から２００１年まで初代学長を務めた末松先生は東京工業大学の元学長ということもあってか、企業出身の加納に対して理解を持ってくれていた。しかし、大半の教授たちは東大や阪大をリタイアした元教授や名誉教授ばかりであった。肩書と履歴が物を言う世界で加納の戦いがまた始まった。加納にとってみれば、仇敵ともいうべき象牙の塔へ乗り込むことになる。彼のやる気に火がついた。

　そもそも、大学における学びが産業に直結していないことを加納はかねてから不満に思っていた。大学教授の多くは机上で、燃やせば灰になってしまう書類ばかりをつくっているというわけである。

　アメリカの事例をみれば、大学に在籍しながら起業する大学教授がたくさんいる。日本にもこうしたアントレプレナーシップを導入すべきであると加納は考えた。とくに、電子工学の分野でアントレプレナーが不足しているという思いから、加納は「起業工学」という言葉を作った。

　これまで見てきたとおり、加納は机の上で物を考えるタイプではない。まず行動を起こす。この時もそうだった。加納が講座開設のために奔走している中で出会った一人のユニークな女性のエピソードを紹介したい。

　高知工科大学で講座を開講するために、加納は様々な準備を進めていたが、なにしろ当時の日本にはまだ起業家養成について学べる大学がなかった。水野と共に、なんとか起業工学の両輪のうちの片輪である経営・経済・ビジネスの教育に関する部門を強化したいと考え、教材や人材を探していたところ、早稲田大学のビジネスコースに関連したベンチャーがビジネスプランのコンピュータソフトを開発して販売していることが分かった。

　加納はさっそく電話で問い合わせた。電話に出た先方の担当の女性が電話口でいきなり加納に対して、「Excel は使えるか？」と尋ねてきた。残念ながら加納は Excel を使ったことがなかったので正直に「よう使わん」と答えた。すると、相手は「よう使わん人には売れません」と応えたのである。これには加納も驚いた。こちらの要求通りに売れば儲かるはずなのに、こちらがソフトを使いこなせないことには売れないと言い張るのだ。加納は驚きながらも、その真っ正直さには敬意を表した。出産前で里帰りをしていた次女が手伝ってくれることになり、加納は、担当者の女性に「使える者を用意するから

売って欲しい」と頼んだ。「それなら」ということで相手も納得して契約の運びとなった。

　後日、担当者の田路則子が、京都の加納宅まで足を運んでくれた。

　加納は次女と松下時代の部下で、当時、高知工科大学で学んでいた森田達夫と三人で出迎えた。さっそく田路はデモンストレーションを行った。一日がかりで娘と森田が田路から使い方をレクチャーしてもらっているのを横でみながら、加納はいいアイデアを思い付いた。そこでタイミングをみて娘と森田が練習している間に
「田路さん、寿司でも食いにいこう」

　と、連れだしたのである。目的は、田路のスカウトであった。新しいソフトを一から覚えるより、この目の前にいる神戸大学経営学部の学部、そして一橋大学商学部の修士を卒業し、早稲田大学発のベンチャーで働く有能なインストラクターごと手に入れたほうが早い、いかにも加納らしい突飛なアイデアであった。

　加納が、高知工科大学のことを説明し、
「起業コースの起業工学の両輪のうちの片輪である経営・経済・ビジネスの教育に関する部門を強化したいと考えているが、その仕事を手伝ってほしい」

　と頼むと、なんと即決で
「見てあげてもいい」という返事が返ってきた。

　この田路という人は、度胸の良さもさることながら頭の切れる人でもあった。さらには高知工科大学で、加納の助手として働きながら、神戸大学に通い博士号を取得するなど、努力を惜しまない一面もあった。

高知工科大学とスタンフォード大学、
ペンシルベニア大学等との協力協定書

加納は、田路を伴いアメリカのペンシルベニア大学ウオートン・スクールとコロンビア大学へ出張に訪れたことがある。加納は、両大学で「日米補完協業」についての講演を行ったが、このときイアン・マクミラン先生、リタ・マグラス先生という二人の著名な先生が対応してくれた。この二人は、加納のプレゼンを R&D のビジネスモデル化というテーマとして捉え、3 者で協力して更なる研究に取り組んで行こうということになった。すぐに協力協定書がつくられ、3 者でサインを交わした。こうした最先端の経営学者との交流を開始することができたのも田路の人脈によるものであった。

　また、それまで高知工科大学において、工学的な知識を中心に講義を展開してきた加納が、ビジネスモデルのソフトを使ってアントレプレナーシップやビジネスプランの作成といった経済，経営についての教育を行うことができたのは、ひとえに田路の協力によるところが大きかったようだ。起業工学は経営，経済という文系の力とバランスして価値の創造に帰することを理念としているので、バランスの確保には特に注力をした。設立時に末松学長はアメリカの IBM で働いた後、ソニーに移るなど大企業勤務を経て、科学技術庁（今の文科省）で働いていた前田昇を起業家コースの経営学担当として抜擢。水野、加納と協力をするよう要請した。彼は 6 0 歳にかかる年齢だったが、起業家コースの博士後期課程の学生として所定の単位の取得

と博士論文の提出などを経て、起業家コースの最初の博士号を取得した。のちに、教授となって、田路とともに、起業家コースの両輪の片輪を担うこととなった。二人の活躍に支えられて起業工学は生まれていった。

その後、田路は東京の私立大学に講師のポストを得て帰京していった。

昨年、加納は田路と久しぶりに食事をする機会があった。近況報告を聞くと、現在は法政大学経営学部の教授として活躍中とのこと。加納の助手として活躍していた頃から、抜きん出た能力を持つ女性であったことから、今後も素晴らしい活躍をするに違いないと加納は確信しているそうだ。

高知工科大学時代の加納に話を戻そう。

これまで日本になかった実学的な学びを追究する大学という理想に燃えていた加納は、自身の経験と人脈を惜しみなく大学に注いだ。しかし、理想と現実の乖離は埋めがたく、高知工科大学の教授会で社会人大学院生の博士論文審査を行う際には、起業家コースの学生たちの論文に物言いがつくことが多かった。加納にとっては、博士論文は末松学長の「工学的な基準」に合致しており、実産業に役立つかどうかが判定基準であったが、アカデミアに染まっている教授陣からは、なかなか理解を得られなかった。加納の苦悩は深まった。

そんなとき、加納を支えて

田路氏、ダッシャー氏、前田氏と京都長岡京の自宅の茶室にて

くれたのは、末松学長と濱口先生の二人であった。この二人の励まし
がなければ、もっと早くに大学教授の職を投げ出していたかもしれ
ない。理解者の支えと、学生たちの研究を完遂させてやりたいという
責任感から、加納は大学内での反発を恐れることなく自らの信念を
貫き通したのである。

　加納は、大学院起業家コース長として活躍しながら、同時に国際ア
フィリエイトセンターの所長としても存分に腕を振るった。

　まずは国際アフィリエイトセンターの沿革について簡単に紹介し
ておこう。

　１９９９年東京を拠点に高知工科大学総合研究所が開設された。
この研究所では、産官学における各種プロジェクトの発掘、企画、推
進を図るため、国内外の大学や企業、研究機関と連携を行うことを目
的としていた。その活動の中で生まれてきた国際アフィリエイト・プ
ログラムの遂行を目的として、２００３年に設立されたものである。

起業家コースのテレビ会議は新聞
でも紹介された（1999年高知新聞）

その後、２００４年に国際アフィリ
エイトセンターは、新教育研究棟の
完成に伴い、拠点を高知市内に移し
ている。

　このプログラムのセンター長に加
納が就任した。研究員として元三菱
電機の富澤治、元NEDOの阿部俊明、
のちにノーベル賞を受賞する中村修
二、大阪大学名誉教授の濱口智尋な
ど、有名企業のOBや著名な大学教
授が名を連ねている。

高知工科大学大学院加納ゼミの卒業生たちと

主な活動内容としては、国際アフィリエイト・プログラムの推進に加え、スタンフォード大学・コロラド大学との三大学連携による国際テレビ会議や、国際起業工学セミナーを開催。ジム・ハリスやカルロス・アラウジョ、リチャード・ダッシャーといった加納の人脈をフルに生かした豪華な講師陣によるセミナーが開催された。公開講座は、テレビ会議システムを用いて世界各地からの講義を受けられるよう工夫されていた。この時、スタンフォード大学 USATMC（アメリカ・アジア・テクノロジーマネジメント・センター）所長で電子工学科顧問教授のリチャード・ダッシャーからは大きな協力を得た。シリコンバレーのスタンフォード大学、東京霞ヶ関教室、大阪中の島教室、深圳のハルピン工業大学とを同時につなぐ国際テレビ会議は大変な人気をよんだ。

　松下電器やオリンパス、カシオ、京セラといった計２４もの起業や団体がこの活動に参加している。こうした企業の枠を超えて、研究会や学会の設立、ワークショップやセミナーなども実施された。

　また、この活動の中で、水野や加納などを発起人として「映像情報メディア学会起業工学研究会」が設立された。加納が夢にみていた「起業工学」についての研究や体系化を図るための取り組みである。この学会では、年に３～４回の研究会などが行われた。２００３年には加納がその委員長を担当した。

　こうした国際産学連携プロジェクトの中で、大学発のベンチャー

スタンフォード大学にて

「起業工学」についてハリス先生、ダッシャー先生と議論を交わす（スタンフォード大学ハリス教授室にて）

も育った。いずれも加納の教え子たちが立ち上げた企業が国内外に数社あり、加納自身も参画するなど設立に尽力した。

　一つはクリスタージュという名の、台湾を地盤に持つディスプレイ関連企業である。パソコン製造で有名な台湾企業 Acer と組み、液晶ディスプレイを販売。高知工科大大学院のベンチャー、第一号として見事に成功を果たしてみせた。

　もう一つはネックスカードシステムズジャパンという企業で、こちらも加納が立ち上げにかかわっている。この会社を立ち上げたのは、カルロスのチップが Suica に使用されるかもしれないというタイミングであった。その技術を利用して、ＩＣカードを利用したタグの作成を計画していたのだが、カルロスの研究が遅れたこと、パナソニック社での生産対応が追い付かなかったことなどが原因でチップが完成せず、計画倒れとなってしまった。ただし、高知の大学発のベンチャーということで、地元のメディアには、たいそう注目された。

　このころから、徐々に加納の行動に対して暗雲が立ち込めはじめた。アメリカの大学と提携したり、東京や大阪にサテライトキャンパスを設置したり、加納は自分の人脈を最大限いかし、高知の振興のために懸命に働いた。高知という狭い地域で完結するのではなく、学生

の目を世界に向けようという試みであった。しかし、これが高知県内部から批判を受けてしまう。高知県が資金を出した第三セクターの大学であるのに、海外に目を向けるとはけしからんというわけだ。松下社内で官僚主義的な社員という壁と戦い続けた加納は、彼をよそ者として受け入れようとしない地元の壁に、またも阻まれることとなってしまったのである。

第2項　アジアとの連携

ハルピン工業大学深圳大学院でのゼミナールのひとこま

しかし、海外の人々はアグレッシブに動く加納を喜んで受け入れてくれた。高知工科大学の教授になったことで、新しくアジアとのつながりができた。海外大学との連携において、加納は新たに中国ともパイプをつなぐことになったのである。

　中国には、日本の旧七帝大と同様、数ある大学の中でも別格と位置付けられている9つのエリート大学がある。北京大学や精華大学、上海交通大学、ハルピン工業大学等で、中国では、9校連盟とよばれている。加納はこのうちハルピン工業大学の招へい教授となったのである。

　思い返してみれば、この物語の冒頭は、満州のハルピンから始まっている。幼かった加納が、大戦下で過ごしていたゆかりの深い土地である。約60年の時間を経て加納は、再びハルピンとの縁を結ぶこと

となったのである。加納もその不思議な地縁については、感慨深いものを感じているようであった。

ハルピン工業大学での調印式

加納がハルピン工業大学の招へい教授となった経緯は、深圳のユニバーシティパークに、9校連盟の大学院を集めた施設がつくられたことに始まる。それに先だちハルピン工業大学で英語教師として活躍していた杜桂栄が、4年間日本に留学し、高知工科大学の大学院起業家コースで学んでいた。杜は、留学が終わり中国に帰国した後、2003年ハルピン工業大学が深圳に開講した大学院内で起業家コースを設立することとなる。加納はそのために数々のサポートを行った。その縁で、ハルピン工業大学の招へい教授に推薦されたのであった。立派な筒に入った免状を受け取ったとき、加納はいかにも中国らしいと感じたそうだ。招へい教授となった加納は、実際に深圳に出向き、毎年、1〜2週間の間、滞在してゼミを受け持った。同大学院と高知工科大学の間では、国際協力協定を結んでいる。

　杜は、人懐っこい性格であった。加納のゼミに入り、博士論文を仕上げたが、加納のことを「先生、先生」と慕い、京都の自宅にも何度も足を運んだことがあったという。加納と杜は、最近まで電話やメールでも繁く連絡を取り合っていた。ところが、トランプ大統領が誕生し、米中が緊迫した状態になったころから、杜からの連絡が途絶えたそうである。中国という国の管理体制の厳しさ故であるのだろうが、国と国とのいざこざで、二十年来の教え子との交流が突然断たれて

しまうことに加納は釈然としない思いを抱いている。

　加納が IEEE・ISSCC 国際会議のファーイースト部会のチェアマンの任についていた時期があった。IEEE の中でも日本、台湾、中国、オーストラリアといった国々を統括する部会の責任者として会議を運営していたのである。そこでいくつかの重要な出会いがあった。

ISSCC ファーイーストチェアマンの任命書

　まずは半導体の草分け的存在である台湾のニッキー・ルー。スタンフォード大学を卒業後、IBM に入社し、DRAM の基本を発明した人である。ノーベル賞の江崎玲於奈氏よりも年齢的には少し若い。

　学会を通じて、ニッキー・ルーの恩師にあたる元国立交通大学の学長 CY・チャンとも友情を結んだ。台湾における学術界の巨星である CY・チャンと、産業界の重鎮であるニッキー・ルーという２人と知己を得たことで、加納の台湾という国への興味や見分も広がった。

　さらに加納がその才能にすっかり惚れ込んだのが、テレサ・メング女史である。台湾出身の彼女はニッキー・ルーらの若手研究仲間であった。テレサは、国立台湾大学を卒業後、アメリカに渡り、UC バークレイで修士・博士の学位を取得し、スタンフォード大学の教授となった才媛で、スタンフォード大学での活躍とともにアントレプレナーとして新しい会社を立ち上げた。加納に外部的な立場の推薦委員になってほしいと依頼をする。彼女のスタンフォード大学教授就任

時に加納は，外部推薦者としての彼女の活躍を応援した。

　二人は、プライベートでも友情をはぐくみ、アメリカ訪問の際にはタイミングがあえば、テレサとともにカリフォルニアの観光地を訪づれたり、彼女が来日するときには京都の加納の自宅でお茶のおもてなしをするなどの交流を深めた。今もいい思い出となっている。

　その後、テレサはスタンフォード大学第10代学長であったジョン・ヘネシーと共にワイヤレス半導体の会社アセロス・コミュニケーションズを立ち上げた。この会社はのちにモバイル通信の大手企業クアルコムに3000億円で買収されている。そのため彼女は台湾では成功したアントレプレナーとして有名になった。また2019年には通信科学および工学への多大な貢献に対して授与されるIEEEアレクサンダー・グラハム・ベル・メダルを受賞など多くの業績を残している。

　加納は、ごく最近、テレサに約20年ぶりに連絡を取った。というのも、互いのビジネスにとってメリットとなると感じ、互いに協力できるようになることを望んでいたからである。じつは2020年秋に、加納は、ARM社から派生したメモリ会社の創立記念式典に出席を予定していた。その際に二人の顔合わせが実現することを願っていた。しかし残念ながら新型コロナのまん延により、この機会も延期せざるを得なくなってしまった。加納は再びテレサ女史と再会できる日を心待ちにしている。

　モノづくりのトップランナーであった日本がテレビや半導体チップといった製品の表舞台から姿を消した後、変わって台頭してきたのが台湾、中国、韓国である。日本より安価な人件費を生かして、あっという間に世界のトップへと昇っていった。

そのため加納は、日米補完協業に代わるものとして、一時期、日台補完協業という考え方を研究してみたことがある。中国の経済発展が著しく日本の企業が製造の拠点としてこぞって中国に工場を建設したり、マーケットとして中国の販路開拓に乗り出していた時期であった。2013年京都で開催したアントレ研設立15周年記念講演会でCY・チャンがその構想について講演し、多くの注目を博した。

　たしかに15億もの人口を抱える中国は、マーケットとして、非常に魅力的である。しかも、当時は日本に比べて人件費もまだまだ安かった。しかし、加納は中国と直につながるよりは、台湾を経由して、中国はあくまでエンドユーザーとしてつながるほうがいいと考えた。その理由としては、台湾はアメリカと近い関係を築いていたからである。先述のニッキー・ルーやテレサなど優れた研究者がアメリカで学び、活躍していることも念頭にあった。しかし、地理的には中国とも近い。そうしたことから日台補完協業という新しい国際協力を考えたのである。

　加納の懸念通り、中国はビジネス相手としては難しい国であった。数年前から日本でもチャイナリスクということが盛んに言われるようになった。中国でのビジネスの難しさ、たとえば技術やデザインの模倣、著作権の侵害、政府による国民の反日感情を利用した統治など、様々な要因により、中国に進出した企業は対応に手を焼いている。ダイレクトに中国と手を組まないほうがいいと判断した加納の慧眼は特筆するに値する。

　しかし、加納は最近になって日台補完協業という考え方にも疑問が生じてきたと語る。トランプ政権下でアメリカが自国第一主義に傾きすぎたために、世界での影響力が極端に低下したからである。ア

メリカの力が弱まると相対的に中国の力が強まる。香港で起きていることが台湾で起こらないとは言えない状況である。近くトランプに代わってバイデン政権が誕生するが、世界秩序のためにも、力強く正しいアメリカを取り戻して欲しいものだと加納は考えている。

第3項　伝統から未来へ

　2007年、加納は高知工科大学大学院を定年退職し、同大学の名誉教授となる。

　京都に戻った加納は、財団法人京都高度技術研究所に迎え入れられる。そこで文部科学省知的クラスター創生事業京都環境クラスター本部事業化ディレクターを二年務めた。

　京都高度技術研究所は、1988年京都の産業や科学技術の振興を目的としてリサーチパーク内に設立された研究機関である。

　また知的クラスター創生事業とは、文科省が主導する事業で、産官学が連携してイノベーションを創出できるようなシステムづくりを目指すものである。京都では、ナノテクノロジーなどについての研究が行われた。

　加納は、自身が提唱する起業工学の思想をこの組織で広めたいと考えた。そこで関係者に声をかけ共同執筆という形で起業工学の本を出版する。そのとき、現在、京都工芸繊維大学で副学長を務める吉本昌広と知り合うこととなる。その縁でのちに京都工芸繊維大学で客員教

角川大作京都市長と

157

授として「起業工学」の講座を担当することとなった。

　２０１０年には、同研究所を退職し、大阪電気通信大学客員教授となる。

　大阪電気通信大学は、寝屋川市などにキャンパスを持つ私立大学であり、工学部や情報通信工学部などの学部を有する。

　この頃の加納の講義の中で、この先の日本への提言となりそうなテーマが見受けられる。いくつか紹介してみたい。

　まずは「価値創造」について。価値創造とは何か。それは、市場における人々の需要である。しかし、その需要も昭和から平成、令和と時代が下るにつれて当然ながら変化をしてきている。物があふれている現代において顧客のニーズを把握することは大変難しいことである。事実、日本の企業はバブル後、市場のニーズに対応しきれず不調に陥っている。

　しかし、その一方で、日本には数多くの老舗企業がある。こうした企業の多くはなぜ時代が変化しても生き残ることができたのだろうか。加納はその答えを古都、京都で見つけた。伝統文化の中に源泉としての哲学があったのだ。

　京都で数百年の長きにわたり暖簾を守ってきた老舗企業には、時代が変わっても変えない核となる部分と流行に合わせて柔軟に変化させていく部分があった。たとえば、和菓子の老舗は時代に合わせて少しずつその味を変えていっている。

　その精神を「不易流行」という言葉で表してみせたのが俳聖松尾芭蕉である。芸術にしろ伝統工芸にしろ、頑なに変わらないだけでは続かない。永続性を望むなら、時代に合わせて必要な部分を変化させていかなければならない。幸い日本には源泉を見出しやすい伝統と文

「伝統から未来へ」をテーマとした
国際シンポジウムのポスター

京都工芸繊維大学で開催された国際シンポ
ジウム

化がある。そこに企業が続くヒント
があると加納は考えている。

　つづいて「伝統から未来へ」この
本のタイトルにもなっているテー
マであるが、２０１６年に加納が京
都工芸繊維大学や大阪大学吹田キャンパスで行われた国際シンポジ
ウムでの講演で話したテーマである。この頃、国が国内随所で行われ
ている独創的な研究の支援に力を入れ始めた。そしてさかんに産学
協同ということが取り上げられるようになったのである。

　ちょうどそのころ、高知工科大学の加納のもとで学んでいた加納
より二歳年上のラリー・マクミランという研究者の博士論文が加納
に一つの示唆を与えることになっていた。創造と発明に関して、日本
には厚い壁があると断じ、日本の中に起業家精神が育っていないと
指摘した。なぜか。

　起業大国アメリカでは、研究者と企業が手を取り合って、研究とい
う険しい坂道を駆け上がっていく。つまり、共通した目的に向かって
志を同じくしている。当然、予算の使い道もはっきりしている。

これに対して日本では、研究者と企業は同じ方向を向いていない。経営は経営、研究は研究、営業は営業と三者三様、互いの連携がとれていない。研究者が成果を紙にまとめる。経営は売れるものを作りたい、営業は利益を出さなければと考えている。この三つの軌道を一つにまとめるのがアントレプレナーシップなのである。

　じつは日本には２００年以上続く老舗企業が３９７０社も存在する。これは世界一の数で、アメリカや中国は、こうした老舗企業は皆無である。戦争やバブル崩壊、リーマンショックといった数々の困難を乗り越えて存続している老舗企業は日本にとっての資産である。これらの企業がなぜ伝統を受け継ぎ、生き残ることができたのか、加納はその答えを成長ではなく存続に注力したからだとみている。

　加納が「伝統」というキーワードにたどり着いたきっかけの一つには、プライベートで参加している「日本の伝統文化を英語で楽しむ会」での気づきがあった。

　この会を主催するのはジュディス・クランシーというアメリカ人女性だ。京都に４０年以上暮らしており、彼女の目を通して見た日本の文化や伝統について英語で語り合うという会である。外国人の目を通すことで、日本人にとって当たり前だと思っていたことがまた新たな意味をもって立ち上がってくる。

　特に伝統というものに対してジュディスは、深い考察を行った。ジュディスの意見を聞くことは、加納にとって日米補完協業にも通じる新鮮な体験であった。たとえば「伝統から未来へ」というテーマの議論を頼んだとき、ジュディスは、加納の話をじっくり聞いた上で、「そのテーマの意味を本当に理解しているのか？」と逆に問い返してきたという。その後、彼女から「seeds in the tradition」あるいは、

「philosophy in the tradition」と英訳してはどうかという意見が出された。伝統から未来を作ることは不可能である。それより、伝統の中にシーズがあるという発想にすべきであるという提案であった。加納はハッとさせられたという。英語で物を考えるということは発想の原点が違うのだと改めて思い知らされたのだ。日本人は、言葉全体を感覚で理解しようとするため、伝統という単語一つをとりあげ、それが何かということまで考えたりしない。ところがアメリカ人は、伝統という言葉の原点にまで分け入って理解しようとする。そこが日米の差なのだと加納は感じた。

　さて、２０１３年には、大阪電気通信大学を退職し、京都工芸繊維大学大学院客員教授となる。京都工芸繊維大学は、１９４９年に開校された国立大学であり、京都市左京区などにキャンパスを持っている。ここでも、加納は「起業工学」をテーマに大学院の学生たちに対して、アントレプレナーシップの重要性、日米補完協業とは何か、伝統から未来へといった内容の講義を行った。

　２０１４年、加納の研究仲間が世界的な栄誉に輝いた。高知工科大学でともに教鞭をとった中村修二のノーベル賞受賞である。中村と加納との付き合いは古く松下時代に遡る。発光ダイ

中村修二先生ノーベル賞受賞記念の祝辞

末松先生文化勲章受章記念パーティーにて

オードの気相成長に関し、古池たちと議論などの交流もあったからだ。

さらに翌２０１５年には、末松先生が文化勲章を受章する。加納は末松先生との思い出について「松下電器と東工大の卒業生との橋渡しの労を担ってくださった上に、彼らの結婚式には大阪までお越しいただくなど温かいお人柄も尊敬の的である」と語る。高知工科大学では初代学長を務めた末松先生の栄誉を加納は我がことのように喜んだ。

同じ年に加納は、シンメトリックス社取締役顧問に就任、アメリカ、コロラド大学スプリングス校特任教授となった。

２０１６年には、「京都からのイノベーション　伝統から未来へ」と題した国際シンポジウムを京都工芸繊維大学で主催。アントレプレナーシップや起業工学といった加納がこれまで取り組んできたテーマに加えて、日本古来のイノベーションの DNA についても掘り下げるといった新しい試みも加わった。講演者は、ノーベル賞受賞者の中村修二や加納の盟友カルロスを始め、大阪大学の河田先生など多彩な人材だ。もちろんこのシンポジウムにおいても、加納の人脈が役立っていることは言うまでもない。

その後も書籍の出版や自身のホームページ、Facebook での情報発信と日本の工学発展のために加納は、精力的に活動を続けている。

プライベートでは、中学時代からの趣味のテニスで、交流の場を広げている。その縁で、海外旅行に出かけるなど、余暇を楽しむことも

おろそかにはしない。よく働きよく遊ぶ。おそらく加納にとって、遊びも仕事の延長上にあるのだろう。遊びの中でのひらめきが、また次の仕事へとつながっていく、そんないい循環が加納の中には巡っているようだ。

この項のまとめとして、加納に教育現場で、アントレプレナーシップの涵養について手ごたえがあったかどうかたずねてみた。すると、

「いや、私は教育者としては落第だったと思う」

と、意外な返事が返ってきた。その理由を問うと、日本のいわゆる学歴や肩書にこだわる偉い先生方の中に分け入っていくことができなかったともらした。企業出身の加納のことを教育者とは見てくれない人が少なくなかったそうだ。教育の現場でも加納は、自身が掲げる起業工学という理念を広めたり、学生の起業を後押しするなど、自分が信じる道をただひたすらにまい進した。それが時として、学問や純粋な研究こそが大学の本分であるという旧来の教授たちの反感を買ってしまう結果となったのかもしれない。

ここでもう一度、加納が何度も語った言葉を思い返してみたい。

「机上でどれだけ素晴らしい研究を論文にまとめたとしても、その紙を焼いてしまえばただの灰になる」

世界の大学の中における日本の大学への評価、学生全入時代における学生の質の担保、社会と大学との連携など、大学が抱える問題点は多々ある。何より、どれだけ素晴らしい研究が行われていても、それが社会に還元されなければ、単なる自己満足で終わってしまう。大学改革が叫ばれて久しいが、なかなか抜本的な革新にまでは至っていない。

しかし、国も手をこまねいているだけではない。就任直後に菅総理

大臣は、学術会議会員候補者の一部任命拒否をして話題となったが、学問の世界での既得権益を崩そうという意志は感じられた。２０２２年には、国立大学や研究機関の資金と成果の関係を分析するための準備を整えつつある。これまで一部の資金や一部の結果に対してのみ行われていた評価をすべての資金の流れを明らかにし、成果としては論文や特許の数といった指標をデータ化できるようになるという。ベールに包まれていた大学の研究の可視化によって、象牙の塔にも新しい風が吹き込むことになるかもしれない。

　加納は、大学という閉鎖された空間の堅くて高い壁に、社会の側から風穴を開けようと、全力でぶつかっていった自身の体験をこうまとめた。

「結局、松下の時と同じだった。周りは皆、敵。勝つことがすべてなんです。勝つものが強いということ。でもね、アメリカの人たちは、わかってくれた。カルロスやラリー、彼らは私と同じようにフィロソフィーを持っている。社会を良くしたいというね。だから、学歴や出身なんて気にしない。そこが日本のえらい先生方とは違う」

　それでも、そう語った加納の目は好奇心に輝いていたし、その口調は明るく希望に満ちたものであった。その理由は彼の次の言葉が教えてくれる。

「勝つまで負けない」

　これは、加納が取材を通してたびたび口にしてきた言葉である。今なお、カルロスの研究やAI、シンギュラリティ等、近い未来のITについて熱く語る加納の姿を見ていると、彼の底知れないエネルギーに圧倒される。そこに彼の強さの源泉があったのだ。

　彼は確かに負けなかった。勝ち続けることはできなかったが、しか

し、負けて終わりではない。彼の夢はまだその胸の中に明るく燃え続けているのである。

　今や中国があらゆる技術の分野において世界を席巻し、日本のエレクトロニクス産業は、地に沈んでいる。ここで日本が向かうべきは、新たなる価値創造の道であると加納は語る。

　古来、文明は東から西へと動いてきたとされる。球体の地球上では、東から西への移り変わりは、文明の循環にも相当する。その歴史の法則に従うならば、勝つまで負けないことは、未来へつながる新しい挑戦への道筋とも言える。技術の進化が永遠に続くように、伝統から未来への道もまた循環を繰り返し、さらなる進化を繰り返していくのであろう。

「伝統から未来へ」というテーマについて、より深く掘り下げたいという思いから、加納の紹介で京都吉田山の吉田山荘を訪ねた。こちらは東伏見宮家の別邸として建造された由緒ある建物で四季折々の素晴らしい料理と庭園を楽しむことができる料理旅館である。国内の文化人や政界・経済界の重鎮はもとより、海外からのいわゆる京都らしさを感じたいという観光客も多く訪れる。

　宮家ゆかりかつ国の登録有形文化財でもあり、まさに伝統そのものといえる空間が、なぜかくも多くの人を惹きつけるのだろうか。ただ伝統を守るだけではない何かがそこにはあるに違いないと予測し、大女将の中村京古さん、女将の中村知古さんにお話を伺わせていただいた。

　大女将の京古さんは、こちらに嫁して以降、厳しい修行を重ねられたそうである。先代から女将を継いだあとは、お客様をもてなすために、自ら書道や茶道、華道など様々な日本文化を学ぶ。

吉田山荘大女将京古さん（右）と女将知古さん
（左）

元号「令和」の出典である、万葉集「梅花の歌」
序文（大女将京古さんによる書）

日本文化を代表する芸事といえば、書道や茶道、華道のように「道」ということばがつくが、京古さんは日本の伝統文化は精神性が深く、極めればあらゆる芸事が、あるひとつの「道」に通じていると気づく。それは言い換えれば「人の道」にもつながっているのではないかと感じたという。

そうした学びを通じて、あたかもオーケストラが様々な楽器で奏でる音色が美しいハーモニーを生み出すように、建物や庭、料理、書、花といった様々な要素が渾然一体となって吉田山荘というおもてなしの場を生み出しているのだと語ってくれた。

京古さんの娘として、四季折々の庭園美が息づく吉田山荘で生まれ育った女将の知古さんは、和の情緒を深く理解し、自然を愛する感性もおのずと育まれたようである。その一方で、学生時代はアメリカで過ごし、外から日本を見る機会もあった。現地で身につけた語学は、

海外からの観光客に日本の文化を伝える際に大いに役立っていると語る。

　ここに一つのヒントを得た。過去の伝統を受け継ぎつつ知古さんが、新天地で得た学びは、また次代へと伝統をつなぐための新たな可能性を秘めた土壌となっている。母の京古さんから、娘の知古さんへの伝統の橋渡しは、過去から未来へという縦の時間軸のみならず、日本から海外へという横の空間の広がりを伴っているのだ。これこそが伝統の持つ重みではないだろうか。

　例えば優れた書家や画家がいたとしても、その技術や理解は基本的にはその人一代限りのものである。ところが伝統文化というものは、師匠について弟子が学ぶことで、また新たな文化の芽が育つ。師匠の技や理念をベースに弟子たちは、そこに自らの解釈を上乗せしたり、新たな技法を開拓するのである。

　しかし、それだけであれば文化や芸術は、ただ横の方向に広がり続けるだけになってしまう。そこを束ねるのが「道」なのではないだろうか。京古さんが示してくれたように、伝統文化の道には深い精神性が寄り添う。この精神性が日本文化の継承において果たしてきた役割は決して小さくないと思う。なぜなら確かなよりどころとしての精神性が存在することで、その道の行き先が明確に示されているからだ。

　なぜ、終戦直後から日本人は脇目もふらず、未来を信じて前向きに働いたり学んだりし続けてきたのか。生来まじめに取り組む国民性だと言われてしまえばそれまでだが、その背景に、古の昔より脈々と続く「道」の精神性が息づいているからではないだろうか。

　芸術文化をはじめ技術や学問、あらゆる伝統の中に未来の種はま

かれている。それをどう育て、どんな花を咲かせるのか、それは次代を生きるものたちに与えられた課題である。迷った時は、自らの内なる DNA に耳を傾けてみるのも悪くない。

　起業工学研究会が２０周年を迎えた２０１８年、東京の学士会館で記念式典が開かれた。その際、カルロスが映像情報メディア学会の名誉会員に推薦された。この晴れの席でカルロスは持ち前のユーモアで加納を次のように紹介した。

　「Dr. 加納は何人の技術屋を血祭りにしてしまったか」

　会場にドッと笑い声があがり、場が一気に盛り上がった。皆が加納を見て笑顔になった。

　その後、かつての加納の部下であった大槻が紹介されたときには

　「Dr. 加納に焼き尽くされた男」

　と、紹介された。大槻は、ＪＲの Suica カードの開発を担当した人材である。

　またもや皆が笑顔になる。あの頃、昼夜問わず、苦労を共にした仲間たちだ。

　世の中を良くする、未来を変える、そんな意気込みを分かち合った仲間たちだ。

　加納の熱意は志を同じくする仲間たちが情熱を燃やすための原動力となっていたのだ。

　笑顔のカルロスやラリー、JR 東日本メカトロニクス社社長の椎橋や NHK の倉重、そして大槻など、加納の大切な仲間が集まったその席で、加納の名は幾度も呼ばれた。

　「加納によってぺしゃんこにされた男」

JR東日本メカトロニクス社社長の椎橋氏らと共に出版祝賀会にて

「加納にこてんぱんにされた男」

そのたびに加納の仲間たちは笑顔になり、加納は少し照れたように笑った。

加納にとって、それは勲章のような時間であった。

多様な価値観を認める姿勢が必要
ニーズに軸足を置き、倫理的経営を

ションとは何かを考えてもらいたいと思った。「ディープ・イノベーション」は簡単にいえば、深く掘り下げて新しい本質を創造するという意味。それに顧客にとっていいものをという思いが強くあり、収支を後回しにしてやり続けた感があります。

——どんな人に読んでもらいたいですか

加納　起業を考えている人や、企業の技術担当者、中間管理職の人などです。

古池　世界は今、他者への寛容さを失っているように見える。でもイノベーションを生み出すのは多様な価値を認めるところからです。大きな企業より小さなベンチャー企業に希望がある。

椎橋　自分で考え、行動する。そんな姿勢をこれからの若い人たちに身に付けてもらいたいですね。

ディープ・イノベーションの大切さなどを話す加納氏、古池氏、椎橋氏（左から）

２０１９年産経新聞より　「ディープ・イノベーション」について議論をかわす、元パナソニック副社長古池氏、JR東メカトロニクス社長椎橋氏と

第 7 章　国際協業から学ぶ

特別寄稿　ジェームス・ハリス
（スタンフォード大学栄誉教授）

Lessons Learned Through International
Collaboration
Special Contribution by James S. Harris:
James & Ellenor Chesebrough Professor,
Emeritus, Stanford University

It is an honor to have known and collaborated with Dr. Gota Kano over the past 40 years and to contribute both great memories and some lessons we have learned together that might be passed on to readers of this book and impact their future in ways that they have impacted our lives.　We first met professionally from our work on compound semiconductor materials, like GaAs and InP and unique heterojunction devices.　In the late 1960s and early 70's, these materials and devices were little more than a scientific or engineering curiosity, but in the 1980's the electronics world and its impact on society really started to explode. I remember in several talks and a book chapter stating that the world's appetite or use for bandwidth and memory was infinite if we could make each essentially "free".　If you look at the cost/bit for data transmission or storage with semiconductor memory today, this has essentially happened and been a foundation of much of the advances and interconnectedness we share today.   The engine for high frequency has been the compound semiconductors that Dr. Kano and I as well as many others pioneered starting 50+ years ago and the engine for semiconductor memory has been the phenomenal nano-scaling of silicon and associated materials.   We have had the incredibly good fortune to live and participate in developing the foundations for one of humankind's greatest achievements that impact virtually every human life today.

In 1982, I moved from industry to join the Electrical Engineering faculty at Stanford University.   Soon after that, Dr. Kano contacted me and we began a discussion about his sending young Japanese researchers at Matsushita (now Panasonic) to spend a year working in my group at Stanford and fully supported by Matsushita. Through this collaboration, I met Dr. Hiroyuki Mizuno, a corporate VP who fully supported this unique venture.   I remember with the first visitor, Dr. Daisuke Ueda as his 12 months was coming up, asking Drs. Kano and Mizuno if he might stay for 18 months.   My reasoning was that it takes about 6 months to really get established in an experimental project, so if he stayed 18 months rather than 12, it would double the knowledge and output that he would get.   Drs. Kano and Mizuno approved this and every one of the following 10 or so visitors I had stayed at least 18 months and one stayed 3 years.

One of the most memorable side benefits of this was several dinners we shared at a Bamboo Forest restaurant and a Geisha House in Kyoto.　This effort was so successful that I pursued the same model for Japanese visitors from NTT, NEC, Toshiba, Sony, the ETL and others.　These young engineers were phenomenal and became far more innovative and entrepreneurial in their research and confident in spoken English.　Over the years, they actively participated much more in international conferences and they learned to ask and answer far more questions than Japanese researchers who had not had such a foreign experience.　I always had about 25+ graduate students, postdocs and visitors from all parts of the world working together in my labs. I am reminded of a recent webinar by Melinda Gates where she said as an individual, we can set an example, but to make a change in an organization or the world, it takes an entire community. I think not only the Japanese visitors but many of my students have formed a community dedicated to improving the world and after 20 or more years, a significant number have followed Dr. Kano and my examples of continuing their active professional lives as university professors.　I have enjoyed participating in helping to emphasize innovation, entrepreneurship and collaboration in my participation in an outstanding program Dr. Kano established at Kochi University of Technology. I am sure he as well as I are very happy with observing that many of the young engineers who are now pursuing the journey we started and are passing on their knowledge and lifetime experiences to a new generation of young people.

Science and engineering have been the absolute foundation of the incredible advances and improvements in our lives the past century and maybe this is an opportunity to state some of the things I have observed and learned from the Covid-19 pandemic of the past year. Science and knowledge have become horribly politicized in the US and I am concerned that this can spread to other parts of the world since the US is an exemplar to which much of the rest of the world looks. When clearly known facts are disputed and attacked by conspiracy theories, combined with the incredible ability to publicly espouse this to a worldwide audience that now has access to virtually all sources of information, whether true or false, I believe is creating part of this political divide and moving the US and the world into a dangerous direction. Another is the serious limitations put on immigration, attacks based on gender or ethnicity in the US the past 4 years. I believe that intelligence, abilities, talents, etc. are uniformly distributed in the human population, thus excellent, free public education is the foundation for dismantling much of the disparities that have arisen over centuries of discrimination. I think one of the strengths of the past for the US in reinventing itself and recovering from economic, disease or climate disasters has been the human resource that has existed, much of that from large scale movement of populations from an environment that was repressive and lacked opportunity to one where new opportunities were available.

What I have observed is the people who have immigrated possess several key traits that make them very highly successful: 1) they are largely quite intelligent, 2) they have come from working class families, not the elite, 3) they have been among the most successful in their education and early life, 4) they are very confident in their abilities and can solve any unanticipated problem they face in a completely new environment, 5) they are RISK TAKERS.　These are all traits I have observed in most of the foreign students with whom I have worked and that are common to virtually every entrepreneur with whom I have worked.　These same traits were apparent in the westward migration from the rather established and fixed society of the US east coast in the mid-1800s where one's family "history" was a greater determinant of position than ability.　That lead to a huge westward migration and creation of the "wild west".　This process has been renewed in the past century by large immigration of ambitious young people from China, Taiwan, Korea, Japan, India and Southeast Asia who were drawn to new opportunities in the US, largely because of our much more open higher education system— universities.　Over the past 3 decades, well over half of the startup companies in Silicon Valley have been founded by entrepreneurs who were foreign born and educated in elementary, high school and undergraduate college in their home countries, but came to top US universities and fortunately stayed.　Many of the researchers who have led the development of the scientific foundations for and

participated in development of
vaccines for Covid-19 are
exactly from this mold.   I
think it critical to reverse this
recent trend in the US and
suggest this is a model that
Japan should closely examine.

京都長岡京の加納宅にて

This influx of talented people,
many of them women, has provided a diversity of thought that is
critical to attack the complex problems facing the world today.
Japan is a very monolithic culture where most of the leaders in
industry and government are largely graduates of Tokyo University
with only a much smaller number from the other outstanding
National Universities.   This means many of the people making key
decisions all studied together under the same faculties and create a
monolithic hierarchy and thought process that lacks the ability for
individuals to step outside of the usual societal circle of constraints.
I think I can proudly say that both Dr. Kano and I share the
importance of this to create an environment and hopefully a
community of young people who will follow some of the lessons we
have learned over our lifetimes and that this small community will
expand in future generations and help provide greatly needed
leadership in our respective countries and the world to focus
ideas .and economic resources toward solving the big challenges
facing the world and humankind today.

邦訳：加納剛太

　40 年を越える長い間に Dr. Kano と一緒に学び築き上げてきた知見や経験、そして、思い出を、未来に向けて歩む本書の読者の皆様に伝える機会が与えられたことは大変嬉しいことである。

　私たちの出会いのきっかけは、化合物半導体デバイス、GaAs や InP など使った新しいヘテロ接合デバイスについての興味が一緒だったことに遡る。1960 年代の終わりから 70 年代にかけてはこれらのデバイスは科学的な好奇心の対象とされていたにすぎなかったが、80 年代に入ってからは、これらのデバイスは、エレクトロニクスの世界では、爆発的に注目を集めるようになった。実社会での通信伝送の帯域や記憶装置の容量は、そのビット当たりのコストが”ゼロ”に近づけば、無限に広い帯域と無限に大きなメモリ容量を要求するようになると言われはじめた。実際、今日、伝送速度やメモリ容量の進化は驚くような速さで進んでいる。通信の高周波化については、ハリスや加納をはじめ他のパイオニア達が50年前から化合物半導体の特性を使って研究開発に取り組んできた。そして、メモリの大容量化についてはシリコンや関連する材料の微細加工化；ナノ・スケール化をベースとして半導体の歴史を基本にして“電子から量子へ”と進化が進められている。

「日米補完協業」についてハリス先生と議論を交わす（スタンフォード大学講堂にて）

私たちは、いま、地球上の人類が求める本質的な変革のひとつに挑むという基礎的な研究・開発に参画できるという信じがたいほどの幸運をつかんでいることに感謝したい。

　1982 年、私は企業からスタンフォード大学の電気工学科に移ってきた。まもなく、Dr.Kano が私に会って話がしたいと言ってきた。そして、いろいろと議論をして、すぐさま、松下電器（パナソニック）からフル・サポートで技術者 1 名を私の研究室に研究員として送りたいとの要請を受けた。1 年間という要請であったが、議論の結果、6 ケ月をプラスすると成果は合計 2 年間相当になるという判断で理解ができ 18 ケ月の期間として上田大助を受け入れた。この時に、松下電器の副社長だった水野博之にも会って、この協力関係について話し合った。ユニークなベンチャーという理解で認識し合うことができた。この協力関係は、その後、長きにわたって続いた。一人につきおおよそ 18 ケ月を基本として、10 人もの人材を次々と受け入れることとなったのである。Dr.Kano とはシリコンバレーの文化・スタンフォードの文化、そして、日本の文化との交流に関してたくさんの思い出がある。私にとっては、家庭でのディナーや筍料亭や祇園ディナーなど楽しい思い出がいっぱいのこっている。
　このような日本のエレクトロニクス企業との協力関係は、引き続き、NTT, NEC, Toshiba, Sony, ETL,の若いエンジニアたちとも行われた。彼らは、ここで学ぶことによって、論理的な思考力が培われたし、よりイノベーティブに、そして、起業家的になっていった。無論、英語で議論する力も向上した。国際会議への参加と会議での議論にも積極的に加わるようになった。私の研究室には、常に25 名の院生、

ポスドク、そして研究生が世界から集まって一緒に仕事をしている。退職後のいまもその延長にいる。最近のウエブ・セミナーでメリンダ・ゲイツが語った言葉が印象に残っている。1 つの組織、あるいは、世界を変革するにはすべてを共にするという一つのコミュニティが必要である、と。世界を変革するためには日本からの研究生だけでなく世界から集まった多くの学生たちが一つのコミュニティとなって協働する事が何より必要なことであると思っている。Dr.Kano や私の例のように現役から 20 年を過ぎた今も、多くの社会人を含む学生たちが、その思いを共有してくれていることは素晴らしいことだと思う。Dr.Kano が高知工科大学に設立した大学院起業家コースに参画し、イノベーション、起業家精神、国際補完協業についての意義を議論する機会を持てたことは大変嬉しいことであった。若いエンジニアたちが私たちが歩んできた道から学び、そして、彼らが得たものを次の若い世代に引き継いでいく姿を見ることができることは何よりの幸せである。

　科学技術が近年の人類の生活や文明の絶対的な基本であることは言うまでもない事実である。今回のパンデミック・COVID19 から学んだことについて若干述べておきたい。

　アメリカ合衆国では科学や知識が著しく政治化されるようになったと感じている。アメリカは影響力が大きいので、このことが世界に広がってくのではないかと危惧している。アメリカ内の政治的な分断のために、真実が、一般大衆への影響力が大きいメディアを通じて、本当か嘘か区別できない報道として伝えられる状況があることを一番危惧している。もう一つは、移民の制限、男女性別や民族差別、な

どの重要な課題が、この 4 年間、アメリカで議論として持ち上がったことである。私は、知識、可能性、能力、などは人間社会で平等に配分されるべきものであるとの考えをもっている。それゆえ、いかなる人間にも優れた教育や無償教育などが与えられるべきものであって、これは、長年にわたって増長されてきた人種差別による不平等性を取り除くために絶対的に必要なものであるとの信念をもっている。

アメリカは経済の回復、パンデミックからの回復、気候災害などからの回復など、あらゆる国難の問題の解決にあたっては、アメリカに現存する国民自身がリソースであり、自らの使命と努力でそれを成し遂げることができると、私は信じている。しかし、多くの人たちが、新しい機会が生まれてきた今、これまでの圧迫された生活や与えられる機会が少なかった環境から逃れたいという動きが広がっていることは残念である。私の経験や知識による限りアメリカにおける移民たちが果たしてきた成功への特徴と役割は大きい。彼らは、①大変インテリジェントである。②エリートとしてではなく労働レベルとして優秀である。③彼らは、初期において、教育や生活を切り開く点で素晴らしい歴史を作ってきた。④全く新しい環境の中で、予期しなかった問題の解決に向かって取り組んでいく高い能力を有していた。⑤リスクを恐れないリスクテイカーであった。私の研究室で過ごしたほとんどの外国人留学生はアントレプレナー的な人たちであり、それを望んでいた。

1800 年半ばのアメリカ社会における東部の成熟文化から西に向かう文化への大きなうねりの本質と同じものであった。19 世紀に入って、中国、台湾、日本、南アジア、からの希望にあふれる若者たちのアメリカ大陸への大移動に波及していった。彼らは、新しい、そして、

高い大学教育レベルを求め、新しい機会を求めて、アメリカ大陸に渡っていった。過去、30 年を振り返って見ると、シリコンバレーにおけるスタート・アップ企業の半数以上は外国生まれで母国で大学の学部教育を受けたあとアメリカに渡りアメリカで生活をしようとする者たちによって設立されたものである。COVID19 ワクチンに関する研究開発についても全く同じことが言える。上に述べたようなアメリカの現状から日本は学ぶことが多いと思う。

　世界が直面する今日のように複雑な課題の解決には有能な人材の投入が求められているが、日本においては、もっと多様性のある思考力をもった人材、特に女性の投入が必要である。日本社会はもともと同質的単一カルチャーを持っている。例えば、企業や官庁におけるリーダーたちについて言えば、東大出身者や他の有名大学出身者の割合が多い。このことは、重要な意思決定にあったては、同じような考え方でなされる場合が多く、また組織の形成にあたっても同質的なヒエラルキーや思考が生まれやすいと思われる。個人の能力が、既存の社会通念を越えて発揮できる機会に欠けているのではないだろうか。

　Dr.Kano　と私は新しい価値観を創造することに共感し、その課題を共有できたことを大変誇りに思う。私たちが生涯を通じて学んだことを次の世代の人たちが受け継いでくれることを切に願う。われわれから多くのことを学んだ若い世代が、未来に向かってそのコミュニティの範囲を更に拡げ、日米両国において必要とされるリーダシップをとる人材になってほしい。そして、これらの人々が、今日、

世界そして人類が直面する課題に対して新しいアイデアを出し、経済的な資源を創り出していくようになることを信じている。

おわりに

　とある人の人生もとある企業の歴史も、なかなか思い描いたようには歩めない。外的要因がいくつも干渉してくるからである。たとえば自然災害、たとえば経済危機、今、世の中を混乱に陥れている新型コロナウィルスなども、世界のありかたを大きく変えてしまうトリガーとなりつつある。

　人ひとりの歩みであれば、立ち止まって嵐をやり過ごせばすむかもしれない。しかし、何千、何万人が身を寄せる大企業ともなれば、ひとつかじ取りを間違えばたちまち船は嵐に飲まれてしまう。しかも船頭多くして船山に上るのたとえのごとく、巨大な船のかじ取りはひじょうに困難なことなのだ。

　戦後、日本経済をけん引してきたのは、エレクトロニクス産業、自動車など製造業であった。そこで日夜、よりよい製品づくりを目指して研究や改善、工夫を重ねていた技術者や研究者こそ、日本のヒーローである。Made in Japan といえば、優れた製品の代名詞とまで言われるようになった。様々な製品のクオリティの高さは、確かに世界に誇れるものであった。そのために幾多の名もなきヒーローたちが、涙と汗を流しつつ、自らを鼓舞し、その人生を賭けてきたのである。

　日本も昭和の西欧諸国の背中をひたすらに追っていた時代は、誰にとっても目標が明確であった。めざすべき地点が見えていたからだ。ところが、いざ自分が先頭に立ってみると、自分で進む方向を決めなければならない。

　これは、他者の発想を改善して勝ち残ってきた日本人にとっては、

難しいことであった。世界市場においてあれほど強固な立場を築いたと思われていたエレクトロニクス産業とて例外ではなかった。

そのひとつの理由として、企業が大きくなりすぎたという問題があるのではないか。

何万人、何十万人という社員の雇用維持のために、経営陣は、個々の研究に目を止める暇などなく、とにかく会社を動かしていかねばならない。冒険や挑戦に踏み出す余裕がない。これでは、目まぐるしく変化する市場のニーズや、時代のスピードに対応できない。

企業という大樹の下に集まる時代は終わり、個々がそれぞれのスキルを持ち寄ってプロジェクトを成功させる、そんな時代が来ているのかもしれない。

かつての日本には官僚主義的な企業は少なかった。商家に小僧の頃から住み込みで働き商いのやり方だけでなく、心得までを学んだ。そうした伝統が日本人の清廉潔白さを醸成してきたのである。

ところが、バブル崩壊後、多くの一流と呼ばれる企業でデータ改ざんや粉飾決算といった不正が行われた。こうした事例は、正常の中に異常が生まれるどころではなく、日常に異常がまん延している状態である。

今一度、日本の企業は伝統の中に立ち返り、そこに再生のヒントを探さねばならない。

懐古主義にひたるわけではない。

イギリスの経済学者ペティ・クラークの法則によれば、国民所得の水準が上がるにしたがって、その国の産業構造は第一次産業から第二次産業、第三次産業へと順に比率が高まっていくという。日本もまさにその法則にのっとった産業別人口の推移が見られる。

　人の人生に花の盛りがあるように、国力にも時限的な限界があるのかもしれない。であれば、日本は下り坂をゆっくりと、できるだけ怪我のないように降りるのみなのか。

　しかし、主役の座を降りかけて盛り返してきた国がある。アメリカである。日米補完協業で、日本がお手本にしたアメリカという国は、底力がある。製造業で一時、日本に追い抜かれたがIT革命をきっかけに、様々なイノベーションを起こし、また世界の中で存在感を高めている。日本は、再びアメリカを見習うときがきたのではないだろうか。

　なぜ、アメリカは粘り強く復活できるのだろう。加納にそのことを問うと、即座に
「移民の国だからだ。あらゆる国から人々が集うことで、自然に多様性が育まれている」
　との答えが返ってきた。異文化との出会いや、考え方、習慣の異なる人同士のコミュニケーションから生まれる新しいアイデアや技術がアメリカを支えてきたのである。

　しかし、そんなアメリカをもってしても人々の分断は深刻だ。大統領選に敗れたトランプの支持者が負けを認めないと主張し、とうとう大挙してアメリカ議会に乗り込むといった暴挙に出た。民主主義というアメリカの良心に泥を塗る出来事である。これから、政治の分断、思想の分断によって傷ついた民心をアメリカはどう癒し、どう建て直していくのだろうか。

　バイデンが新しい大統領となり、アメリカを吹き荒れたトランピズムからの脱却をめざそうとしている。人心が分断され、傷ついたアメリカは再び「UNITE」を合い言葉に立ち上がろうとしているので

ある。日米補完協業という考え方のもとに、アメリカを手本とし、日夜研究を続けてきた加納は"Great America Again"アメリカは必ず立ち直っていくと信じている。

さて、今後、少子高齢化により現役世代の働き手が減少していく日本でも移民の受け入れの必要性が言われている。もし課題があるとするなら、日本の外国人受け入れが、介護や建設業といった肉体労働を対象にしていることではないだろうか。これでは、新しいアイデアや創造性といったものは望むべくもない。この部分は外国人労働者受け入れにおける課題であると言えよう。

ところで、今後の展望に目をむければ、また少し異なる様相が見えてくるのではないだろうか。加納はこのコロナ禍を
「コロナのおかげで見えてきたことがある」ととらえポジティブな面にも言及している。

例えば、このコロナ禍で、リモートワークが進み、人々はネットを通じてコミュニケーションをとるようになった。もはやわざわざ混雑する電車に乗って会社に通う必要はないのである。そこで、コロナの前からその兆しが見えてきていた働き方の自由化ということについて考えてみたい。

フリーアドレスというスタイルも導入されはじめている。会社の中に自分の決まった机や席を設けず、その日の気分で使いたい場所で自由に仕事をするというスタイルである。こうして環境を変えることにより、多様な人とのコミュニケーションの活性化につながると言われている。

企業と社員のつながりにも変化がでている。たとえば、ダブルワークを推奨する企業が増えている。昭和の時代の寄らば大樹の陰とい

った会社一辺倒の働き方ではなく、企業と社員がゆるくつながるそんな働き方が始まっている。

　オフィスを地方に移したり、あるいは地方のリゾートホテル等で仕事を行うワーケーションといった提案もなされていた。これもコロナをきっかけに人が密になりやすい都会の欠点を逆手にとった新しいアイデアである。

　AI や IoT が進展した世界では、国や企業といった枠を超えて、アイデアやスキルを持ち寄った人が集まって仕事を作り出すことができる。これまでは、プロジェクトごとに企業を募っていたが、これからはプロジェクトごとに個人を募るといったイメージである。

　当然、会社への帰属意識は薄まることであろう。企業側の人事採用基準や、福利厚生についても変わってくる可能性がある。そもそも、最近の若者の意識として、賃金と休暇では、休暇を重視する傾向が強い。そのため、例えばユニクロや飲食業などでは、週休３日の求人を出すケースが増えている。

　企業戦士などと呼ばれて、がむしゃらに働き続けていた加納たちの時代とは様相が異なるようである。

　しかし、低通するものはある。それは挑戦し続けること。挑み続けることだ。

　加納が育てた挑戦者は育っている。

　「この原稿をまとめているときに加納の元にそんな挑戦者の一人から、突然のうれしいニュースが飛び込んできた。

　かつて高知工科大学の公開講座の聴講生であった今井勇次という研究者が、２０１５年に Nano Wave という会社を立ち上げた。今井は、東京大学生産技術研究所やソニーなどで地道な研究に取り組み

187

ながら紫外線 LED の研究
開発に 30 年以上の年月を
費やしてきた。紫外線によ
る光触媒作用で発生する活
性酸素を活用して殺菌や抗
ウイルス作用を社会生活に
役立てたいとの思いから空
気清浄機の開発・商品化を

シニアマンションにて、空気清浄機を前に
健康延寿体操を楽しむ高齢者たち

目指してきた。社会に認められるという成果が出ない中、昨年突然、
新型コロナが格好の新しいニーズとして社会に出現することとなっ
た。早速、大学との共同研究にとりかかり、２０２１年１月に、奈良
県立医科大学から、新型コロナウィルスを９９.９７％不活化すると
結果が報告され、空気清浄機としての性能が認定されることとなっ
た。

30 年にも及ぶ今井の研究経歴の中で、彼は初めて社会に貢献できる
との確信が持てるようになったとしみじみと喜びを語ってくれた。
今井の脳裏にはいつも「勝つまで負けない」という加納の力強い励ま
しがあったという。

　あたかも、このコロナ渦を予見するかのような今井の研究であり、
その研究を結実させたのは、研究者の先輩である加納の慈愛に満ち
たエールであった。」

　先達が切り開いた道を加納が歩んできたように、加納たちが新た
に切り開いた道をまた後輩研究者たちが歩んでいく。
本文でも触れたとおり、じつは伝統とは革新の歴史でもある。
「血と汗と涙でやってきた。戦後焼けつくされた日本、そこから復興

するためにやらなあかんという思い」

受託研究報告書

株式会社 Nano、Wave 御中

光触媒と UV 照射による新型コロナウイルスに対する

不活化効果の評価

表3. 光触媒照射フィルタにおけるウイルスの不活化効果

	0分	0.5分	1分	5分	10分
不活化効果（Mv）	-	3.54	4.08	4.05	4.05
減少率（％）	-	99.970%	>99.991%	>99.991%	>99.991%

減少率(%)は小数点第4位以下切り捨て

2020 年 12 月 18 日
公立大学法人
奈良県立医科大学医学部
微生物感染症学講座

奈良県立医大による、「新型コロナウイルスに対する不活性化効果の評価」報告書

　そうした熱いものが、自分たちの根底にあったと語る加納。最後に彼はこう語った。

　「取材を受けて気づいたことがある。私は、企業でも大学でも徹底的

にアカデミックな立場の人間と戦ってきた。自分では今まで気づいていなかったが、それは、ソニーや日立といったエリート集団率いる他社と戦ってきた幸之助さんと一緒だったのだ。そのことに今回初めて気づいた」

　加納は大阪大学出身であり、博士号も持っているが、現実的には彼が戦ってきたものがそれだけ強固な壁だったと言えるのかもしれない。

　今の日本に足りないものは加納のような鉄の意志と挑戦するための自信であることは間違いないだろう。

　彼らが作り上げてくれた今の日本に、私たちはもっと誇りを持ってもいいのではないだろうか。モノづくりで世界のトップに立った日本の工学の DNA は、間違いなく私たちの中に受け継がれているのだから。

　伝統から未来へ、道は確かに通じている。

　日本復活のカギは、私たち日本人自身が握っている。

　そして、それを見守る加納の目は好奇心とチャレンジスピリットに輝いている。

　２０２１年１月、加納は次なる目標を定めた。４月より、放送大学で大学生として学び始めるのである。文化人類学や生命の起源について学ぶことにしている。卒業予定は４年後、８８歳で学士号を取得する計画だ。

カルロス CEO とラリー社長とともに
コロラドスプリングスにて

　夢とロマンと挑戦と：価値創造への挑戦、加納剛太の夢はまだまだ終わらない。

文中敬称略

加納が座右の銘としているサミュエル・ウルマンの『Youth』という詩がある。松下幸之助らが愛したこの詩を加納はいつも側に置き、人生の指針としている。

『 Youth 』

（邦題：青春）

サミュエル・ウルマン（１８４０−１９２４）

翻訳：岡田義夫（１８９１−１９６８）

青春とは人生のある期間をいうのではなく、心の様相をいうのだ。
すぐれた創造力、たくましき意志、
炎ゆる情熱怯懦をしりぞける勇猛心、
容易をふりすてる冒険心
こういう様相を青春というのだ。
年を重ねただけでは人は老いない。

理想を失うときにはじめて老いがくる。
歳月は皮膚のしわを増すが、情熱を失う時に精神はしぼむ。

苦悶や、狐疑や、不安、恐怖、失望、
こういうものこそ、あたかも長年月のごとく人を老いさせ、
精気ある魂をも芥に帰せしめてしまう。

年は六十であろうと十六であろうと、

その胸中に抱き得るものはなにか。

いわく驚異への愛慕心、空にきらめく星辰、

その輝きにも似たる事物や思想に対する欽仰、事に処する剛毅な挑戦、

小児のごとく求めてやまぬ探求心、人生への歓喜と興味。

人は信念とともに若く、疑惑とともに老ゆる。

人は自信とともに若く、恐怖とともに老ゆる。

希望ある限り若く、失望とともに老い朽ちる。

大地より、神より、人より、美と喜悦、勇気と壮大、

そして偉力の霊感を受ける限り、人は若さを失わない。

これらの霊感が絶え、悲歎の白雪が人の心の奥までもおおいつくし、

皮肉の厚氷がこれを固くとざすに至れば、

この時にこそ人はまったくに老いて、

神の憐れみを乞うるほかはなくなる。

Epilogue

It is never easy for a person to lead the life they had envisioned or for a company to build the record they had hoped to achieve. External factors always impinge. It could take the form of a natural disaster or an economic crisis. One good example is COVID-19, the viral pandemic that has triggered a massive, unforeseen disruption and changed the world irrevocably.

One person walking through a storm can simply stop and wait for it to pass. But when thousands or tens of thousands of people are dependent on a large company for their livelihoods, a single steering error at the helm can mean getting swallowed up by the storm. Or, as the Japanese saying goes, "too many captains will steer the ship up a mountain."

The driver of Japan's economy in the post-WWII recovery period was manufacturing, primarily of automobiles and household appliances. Engineers and researchers were Japan's heroes, working tirelessly to build better products through design, device, and the doctrine of kaizen. "Made in Japan" came to be synonymous with superior products, and that commitment to quality won over the world. Countless unheralded individuals gave their sweat and tears, inspired to commit their lives to the cause.

From that time period on, Japan was singularly focused on following in the footsteps of Western nations, and its goal was clear to every citizen. However, once you find yourself out ahead of the pack, the choice of direction is in your hands.

This was a difficult position to be in for the Japanese people, who had made their way in the world by improving upon the ideas of others. One difficulty may have been the fact that Japanese companies had just grown too large and unwieldy.

Top management had no time to consider the research being done under its umbrella, as they were preoccupied with guaranteeing employment to tens or hundreds of thousands of employees. Their hands were full simply steering the company, and there was no breathing room for taking chances or trying new things. Such a situation almost guaranteed that the companies would be unable to keep up with the speed of changing times and the rapid evolution of market needs.

The age is over when everyone was embraced in the arms of the big tree (the company). We are now more likely in an age in which people must bring their individual skills to the table and work project by project.

At one time, bureaucratic companies were not part of the Japanese landscape. The ancient Japanese way used to be that an apprentice would live in the household of a merchant and learn not only how to do business but how to conduct themselves in life. Such traditions helped to slowly build integrity.

But in modern times, since the collapse of Japan's asset price bubble in 1992, many top-ranked companies were found to have resorted to data falsification or fraudulent accounting. Such cases were not merely one-offs, but were turned out to be widespread. Japanese companies must return to their traditional roots and look there for insights on how to rehabilitate, without wallowing in nostalgia.

It is widely known that a country's industrial structure will change as its economy develops. Petty-Clark's Law is one of the main academic theories that describes this change. This law states that as the national income rises, the weight of the economy will shift from the primary sector to the secondary sector and then to the tertiary sector—from natural resources to resource processing to a service economy. Japan seems to have conformed to this law quite neatly in the industry transitions that have taken place for the working population over time.

In much the same way that a person reaches their prime physical attractiveness in life, a country's national strength peaks over a given period of time. If that is the case, then Japan may be on the long, slow decline, simply trying not to slip and fall as it navigates the slope.

However, there is one country known for its comebacks that had relinquished its spot at the top only to rally again. That is the United States, the country upon which Japan has modeled itself through complementary business cooperation. America has great reserve strength. Its manufacturing industry was surpassed by Japan at one time, but with the IT revolution, a number of new American innovations have come to light that are having a significant effect on the world. The time has perhaps come again for Japan to follow the example of the United States.

Why is the U.S. so resilient and capable of reinventing itself? Dr. Kano does not hesitate to point out that "It is a country of immigrants. People from all over the world flock to the U.S., a phenomenon that naturally fosters diversity." The crucible of people from different cultures with their particular customs and divergent ways of thinking enriches communication and leads to new ideas and skills that have fortified the country.

Yet, even with such a unique strength, the divisions within the U.S. have reached a critical point. Supporters of former president Donald Trump who, alongside him, refused to acknowledge his election loss, stormed the Capitol building as a violent mob. The event disgraced the name of democracy, America's conscience. How will the country heal its political rift and recover from such ideologically fractured public sentiment? Dr. Kano plans to keep a steady eye on the situation as it unfolds.

Japanese society, on the other hand, faces a different problem. Its low birthrate, combined with an aging population, has resulted in a falloff in productive workers. People say that the country may need to accept immigrants. But one issue with immigration is that Japan is focused on nursing care and construction workers—basically physical labor. This will never bring new ideas or creativity into the country, and is a standing issue with national policy.

However, if the government broadens its focus and looks to the country's prospects for the future, perhaps a slightly different perspective may come into view. "There are things that the coronavirus has revealed," Kano mentions, indicating a positive take on the pandemic.

For example, remote work has become viable out of necessity, and people have become comfortable communicating through the Internet. There no longer seems to be a need to squeeze into overcrowded trains just to go in to work at an office. Even before COVID-19 there were signs that working styles were shifting and opening up. What kind of changes may be possible?

"Free address" workspaces are starting to be introduced, for one.

This means that workers do not have an assigned desk or seating, so they are free to work anywhere according to how they feel each day. The regular change of scenery facilitates communication with various people, leading to a more stimulating work environment.

Changes have also been taking place in how companies and their employees are connected. For example, more companies today are allowing their employees to have second jobs. Prior to the 1990s, everyone had to be fully committed to their company. Now, a working style that provides a looser connection between company and employee is starting to become popular.

Other proposals include moving offices from cities to outlying districts or even holding "workations," wherein a work environment is set up at a resort hotel or other vacation setting. This is another new idea that the pandemic has inspired to disrupt the urban setting—with its downside of high human density—and reinvent the workplace.

In a world with advanced AI and IoT, it is possible for people to pool their ideas and skills, joining together to create work scenarios that transcend the traditional frameworks of country and company. Up until now, a company would call on other companies to work together on a per-project basis. Now it will be possible to work with individuals in a similar manner.

As could be expected, this will weaken any sense of belonging to a company, and it is quite possible that companies will alter their personnel hiring criteria and the fringe benefits they offer. It should also be remembered that young people in recent years have tended to give priority to time off rather than wages. Because of this trend, it is more common now to encounter job ads for three days of work per week, such as at the Uniqlo clothing store chain or eating and drinking establishments.

This is a completely different modality from earlier times, when working diligently without fail was the norm and people like Dr. Kano were called "corporate warriors." Nevertheless, commonalities do exist—the never-give-up mentality, the tenacious pursuit of excellence. As we touched upon in the pages of this book, tradition is in fact the history of innovation.

"We gave our blood, sweat, and tears. We felt we just had to get the job done and rebuild Japan out of the ashes of a world war." According to Dr. Kano, this was the passionate sentiment that people held close to their hearts. And the last thing he said was this: "I realized something important from being interviewed for this book. I would always fight hard against people who took an academic point of view, whether it was in the company or university. Up until now one thing I hadn't realized was that I was doing the same as

Konosuke, who fought other companies like Sony and Hitachi, which were run by elites. I realized that now for the first time."

Kano is a graduate of Osaka University and has a PhD, so he is not lacking in education. One can only imagine that it must have been quite a formidable barrier if he had to fight for such a long time to break through.

There is no doubt that what Japan lacks today is the iron will and confidence of a man like Dr. Kano to take on difficult challenges. Perhaps we would be better off if we took more pride in the Japan that he and others worked so hard to build, because Japanese engineering, which elevated the country to the apex of the global economy through manufacturing is unquestionably part of our DNA.

The key to Japan's return to global strength is in the hands of the Japanese people. Dr. Kano will be watching carefully, with those highly inquisitive eyes and can-do spirit. In January 2021, Kano set his next personal goal. In April he will become a continuing education student at the University of the Air, studying cultural anthropology and the origin of life. His plan is to graduate in four years with a a bachelor's degree at the age of 88.

With hope, ambition, and boldness, Gota Kano still has the vitality to attempt to create value. He leaves the reader with his favorite poem,

Youth, written by Samuel Ullman—a favorite of General Douglas MacArthur and also loved by Matsushita Konosuke. Kano keeps a copy always at his side as a source of inspiration.

『 Youth 』

Samuel Ullman （1 8 4 0 － 1 9 2 4）

Youth is not a time of life ; it is a state of mind ;   it is not a matter of   rosy cheeks, red lips and supple knees ; it is a matter of the will,   a   quality of the imagination, a vigor of the emotions ; it is the freshness of   the deep   springs of life.

Youth means a temperamental predominance of courage over timidity   of the appetite, for adventure over the love of ease. This often   exists   in a man of sixty more than a boy of twenty. Nobody grows old merely by   a number   of years. We grow old by deserting our   ideals.

Years may wrinkle the skin,   but to give up   enthusiasm wrinkles the   soul. Worry, fear,   self - distrust bows the heart and turns the spirit   back   to dust.

Whether sixty or sixteen, there is in every   human being's heart the lure   of wonder, the   unfailing child - like appetite of what's next,   and the   joy   of the game of living. In   the   center of

your heart and my heart there   is a   wireless station; so long as
it receives   messages   of beauty,   hope,   cheer, courage and
power from men and from the Infinite, so long are you   young.

When the aerials are down, and your spirit is   covered with
snows of   cynicism and the ice   of pessimism, then you are
grown old, even at   twenty, but as long as your aerials are up, to
catch the waves of   optimism, there is hope you   may die
young at eighty.

END

発刊にあたってのメッセージ

中村修二
カリフォルニア大学サンタバーバラ校教授

～「盛者必衰」～

　日本では過去３０年以上、サラリーマンの実質賃金は下がり続けています。つまり、それだけ日本の経済は、過去３０年以上、下がりっぱなしだということです。理由は、色々あると思いますが、一つの理由は、優秀な若い人が、自分で起業しようとしないことです。皆そろって、安定志向の大企業に就職して、そこで、定年まで迎えようとしています。わたしは「盛者必衰」という言葉が好きです。大企業は、必ず、潰れる運命なのです。最近、大手家電、半導体メーカーが全ておかしくなっているのが良い例です。自分のところでも、ある大手企業から、研究者として、うちの大学に３年ぐらい派遣されていた、優秀な若い研究者がいます。その大手企業が、当時おかしくなってきていました。わたしは、彼に、この際、レイオフされる前に、「米国でベンチャー企業でも探して就職したらどうですか。」と勧めた。彼の返事は、「うちの会社は過去、誰もレイオフにしたことはありませんので、心配ありません。うちの会社でずっと働きます」と帰っていった。半年ぐらいして彼は、レイオフ対象になった。日本の大手企業の終身雇用は偽り、あるいは、サラリーマンが洗脳されてきただけ

なのである。若い人は覚醒しないとダメである。米国では、ほとんど
の若い優秀な研究者、技術者は会社を５、６年で変えて、自分のスキ
ルを磨き、最終的には、自分の会社を興すのをゴールとしているので
ある。その結果、米国では、新しい、ベンチャー企業が続々と起き、
米国での優秀な研究者、技術者の収入は過去、３０年上がりっぱなし
である。日本の同様な人と比べると収入で２倍以上の差が付いてい

るのではないか？ 「起業工学」
は、若い人に起業家精神を養う
目的にされて、やってきたもの
である。それまでに出版された、
資料等を参考にされて、どうし
たら、日本で起業できるのか。日
本のためにぜひ勉強してほしい
ものである。

西本清一
京都大学名誉教授・（元）副学長
公益財団法人京都高度技術研究所
理事長
地方独立行政法人京都市産業技術
研究所理事長

「起業工学」の理念を唱道し、その研究と教育に情熱を傾けてこられた加納剛太先生の足跡を辿った本著は、イノベーションの実践と起業の役割を追求し続けてきたひとりの人間の歴史が活写されている点で、起業の魅力に取り憑かれ実践を志す者にとって、間違いなく最高の教科書になるだろう。加納先生との出会いは、請われて事業化プログラムディレクターに就かれた文部科学省・知的クラスター創生事業第II期の京都環境ナノクラスター事業（平成20〜24年度）を通じてである。当時、大学の教育研究現場で活動していた私は、研究統括として同事業に参画したおかげで、研究成果を社会実装に導く道筋の基本を加納先生から直接学ぶという得がたい機会に恵まれた。音楽をこよなく愛され、常に穏やかな口調で話される加納先生から発せられる言葉の端々に、基礎研究の成果から社会価値を紡ぎ出す知恵が凝縮されているのを感じること屡々であった。エレクトロニクス技術の研究開発で交流を深めて来られた米国は、頭脳の批判的・創造的・思索的側面＝知性（Intellect）より、頭脳の処理能力・適応力・実用化力＝知能（Intelligence）を讃えるという。日本でいうところの知識と知恵の対比に近い。京都は知恵に重きをおく風土（エートス）があり、伝統と先進が両輪の如く共存しつつ、多様な"ものづく

り"技術を蓄積してきた。この特質にいち早く注目され、研究対象にされた慧眼に恐懼するばかりである。

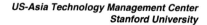

Richard B. Dasher, Ph.D.
Director,
US-Asia Technology
Management Center
Adjunct Professor,
Stanford University

February 2021

One of the joys of a career spent studying innovation is the privilege of meeting and cooperating with great innovators who continually channel their entrepreneurial energy into making the world a better place. My career and my life have been particularly blessed by getting to know and work with Dr. Gota Kano, who has demonstrated that kind of leadership for over half a century.

I first met Dr. Kano at Stanford around 1994, when the university's US-Japan Technology Management Center was just getting started. As Director of Matsushita's Electronics Research Laboratory, Dr. Kano was the sponsor of advanced research cooperation between

Matsushita (now Panasonic) and Stanford into compound semiconductors.   I soon learned from the Stanford team how much their ability to sustain this research throughout long years of incubation had depended on the vision and championing by Dr. Kano.   By the time Dr. Kano retired from Panasonic in 1998, major new application areas such as DVD players and new-type optical networks were starting to show the huge impact that Dr. Kano's vision would have over various IT fields for the next generation.

Rather than resting on his well-deserved laurels for technology leadership, though, Dr. Kano immediately re-channeled his energy into developing the next generation of technology entrepreneurs in Japan.   I was very happy when he asked me to cooperate with the new program in Entrepreneurial Engineering at the Kochi University of Technology. As Director of that program, Dr. Kano organized a curriculum whose instructors included outstanding practitioners -- then a rarity in Japanese university education -- as well as a broad range of collaborators from other universities.   I gave regular lectures to KUT students from Stanford as a Visiting Research Fellow via new videoconferencing technologies, and I visited the amazingly high-tech campus in Kochi on several occasions for international conferences.   One of these conferences in 2001 turned out to be the kickoff of a new academic society which is continuing to nurture entrepreneurship education among engineers, the Society for Entrepreneurial Engineering in the Institute for Image Information and Television Engineers.   As an advisor to the Society and as a guest lecturer in Dr. Kano's subsequent programs, e.g. at Osaka Electro Commuication University, I have always been happy to see that he has not retired from his tireless efforts to help young entrepreneurial innovators.

At the same time, I have also been personally touched many times by Dr. Kano's warmth and kindness throughout the many years of our cooperation.   I vividly remember some wonderful dinners with him and Mrs. Kano, including one in Kyoto during the 10-day period in spring during which bamboo shoots are at their tenderest and most flavorful.   On such occasions, our conversations would range from innovation to classical music, the historical roots of culture, and Japanese aesthetic appreciation of each time and place.   I am delighted to see the publication of this book about Dr. Kano's life and herewith send my best wishes to him for continued good health and joy.   I speak not only as one of the countless people who have been inspired by Dr. Kano, but as someone who is truly honored and humbled to call him a friend.

Sincerely,

John C. Hodgson
Retired Sr. Vice President & Chief Marketing and Sales Officer
Member of the Office of the Chief Executive
E.I. duPont de Nemours, Inc.

Kano-san is and was a delight to work with.....knowledgeable, persuasive, persistent and most importantly a focused international leader capable of making a decision.

Working and contributing to the introduction and commercialization of the world's first commercially viable flat panel display using plasma technology was an exciting sprint into the future.

Dr. Larry F. Weber

Former President, Plasmaco Corporation

Retired President and CEO,

Plasmaco Division of Panasonic

This is a major business success story but it is also a story of the many difficulties and challenges that all entrepreneurs must conquer along the road to success. We followed the

fundamental principle that you frequently stated: "never give up". I was very fortunate to be both a guest lecturer at KUT and to also be your student during the years at Panasonic when we worked together on the plasma TV.

Nicky Lu Ph.D., IEEE Fellow, NAE (USA)
Member

- Chair/Founder, Etron, eYs3D & eEver
  Technology Companies
- IEEE Highest Technical Award Winner
  In Solid-State Circuits
- Chair (2013-17) & Board
  Director(1996~), Taiwan
  Semiconductor Industry Association (TSIA)
- Chair (2014-15), WSC (World Semiconductor Council)
- Chair (2019~), AI-on-Chip Taiwan Alliance
- Chair (2009-11), Board Director & APAC Leader (2004~),
  Global Semiconductor Alliance (GSA)

Some message for Dr. Gota Kano
A Wonderful Friend with Common Interests: Research/Education,
Corporate/Lab Management and Entrepreneurial Engineering

Dr. Kano is one of my best friends from Japan, and I have engaged
with him professionally across semiconductors, education and
entrepreneurship for many years with great pleasure. I first met him
decades ago when he was an Executive of Panasonic Corp. and was
elected to be the Chair of the Far-East Technical Program
Committee (TPC) of the International Solid-State Circuits
Conference (ISSCC), the world's premier conference for industry

and academia to publish their newest research results and products. As a TPC member, I attended his meetings for helping to select the highest quality papers. I fondly remember that Dr. Kano presented not only his excellent technical leadership, but also warm fellowship in inviting all TPC members to dinner. This was rare and also a treat to all of us, because he invited TPC members from India, Australia, etc. whom only then did I have the opportunity to meet due to his unusual hospitality and help in providing travel expenses to Japan. This is just one example of how Dr. Kano is a very special engineering executive who has demonstrated enthusiasm and care for networking people from around the world and sharing his friendship without demanding anything in return.

Since that first meeting, I have treasured our friendship greatly. In 1991 I left IBM's headquarters in New York after a ten year stint to fulfill my wish to be an entrepreneur, inspired by my Stanford PhD education under Professor Meindl of IC Lab. I founded Etron Technology, Inc. in Taiwan, which not only pioneered advanced semiconductor technology research and development with ITRI (Industrial Technology and Research Institute) and TSMC (Taiwan Semiconductor Mfg. Co.) and formulated special ways to transfer technologies straight to volume manufacturing successfully, but also shipped Taiwan's first 4Mb/16Mb DRAM and 4Mb SRAM products using foundry technologies. Later I founded a new design foundry model through Global Unichip Co. (GUC), which is now a successful design arm operated by TSMC. These efforts have helped Taiwan to win the prominent position as a very top supplier of semiconductors to the world after endeavors of the past thirty years. During this period of time, Dr. Kano and I met periodically in Japan or in Taiwan to continue our friendship with common interests in exchanging views on entrepreneurship, education and similarities or differences between Japan's and Taiwan's industries and universities.

An especially interesting opportunity that happened because of Dr. Kano's friendship with me was his invitation for me to be a frequent lecturer to KUT (Kochi University of Technology) in his famous Entrepreneur Engineering Courses. I enjoyed meeting and sharing my experiences with many students, graduates, and others who desired to pursue an entrepreneurship career. During these experiences, Dr. Kano and his friends gave me deeper and broader perspectives on Japanese society and also took me sightseeing in Kochi to enjoy the beautiful scenery and culture.

I am so glad to hear of Dr. Kano's new book, which will take a journalistic look at his precious experiences and tireless efforts leading Panasonic Research and Development Lab as well as teaching entrepreneurship at universities. This book will add great value to our society and sector, and it undoubtedly will provide tremendous help for younger generations to be more successful in their careers through Dr. Kano's treasure trove of experiences, learnings, and teachings.

Best wishes from Nicky Lu.

Teresa Meng
The Reid Weaver Dennis Professor of
Electrical Engineering, Emerita, at Stanford
University, and founder of Atheros
Communications

Dr. Kano is a true gentleman of kindness,
integrity and intelligence.
I met Dr. Kano at Stanford University, when
I was a faculty member in the Electrical Engineering Department.

It was due to mutual interests in our technical fields that I started
interacting with Dr. Kano. There is no need for me to showcase Dr.
Kano's prolific technical accomplishments, which span six decades
and continue to impress technologists young and old. Instead I'd
like to shed some light on our almost 30 years of friendship by
recalling a particularly fond memory.

In the early 90s, Dr. Kano invited me to visit his lab in Kyoto. I,
being a young professor just starting my career, welcomed the
opportunity to visit an advanced lab in Japan. I brought my mother
with me on the trip, so I could enjoy sightseeing with her after the
official business was completed. I spent a couple of days in Dr.
Kano's lab, witnessing the achievements of Japanese high tech first
hand, and came back extremely impressed.

During the visit, Dr. Kano was very kind to invite me to dine with him and his family.   After the dinner, Mrs. Kano demonstrated how to conduct Chanoyu, the Way of Tea.   It was a wonderful experience.   I still remember the serenity and the peace expressed in Chanoyu, an experience that I will cherish for the rest of my life.   A few months ago Dr. Kano surprised me with a photo taken of me performing Chanoyu during that visit.   It was with such reminiscence and gratitude that I looked at my younger self.

Knowing that my mother was with me on the trip, Dr. Kano prepared a gift of a pearl brooch for her.   I didn't expect that Dr. Kano, being a senior figure to myself, would be so kind and considerate to think of my mother alone in the hotel room, while I was visiting his lab. My mother passed away last July.   When I was sorting out her things, I found the brooch, neatly placed in her jewelry box.   She had enjoyed wearing the brooch very much.   The brooch is not the only precious item left by my mother, but it is special because it also symbolizes a friendship over space and time.

Dr. Kano's contributions to the world are well documented in this book. His unwavering support of entrepreneurship and creativity has inspired

many generations of technology innovation. I, however, will always think of Dr. Kano as a kind and thoughtful gentleman who gave my mother her favorite brooch.

吉本昌広

京都工芸繊維大学 理事・副学長

　半導体産業が急成長する 1980
年代に大学で半導体工学を専攻
し、その分野で大学教員を務めて
きた私にとって、加納剛太先生は
エレクトロニクスや教育の分野で挑戦を続ける大先達です。日本の
半導体産業の黄金期であった 1980 年代から 90 年代にかけて、黎明
期から黄金期に向かうこの産業の姿を記した書籍が沢山ありました。
2000 年頃には、課題に直面する半導体産業を論じた書籍がいくつも
ありました。本書は、それらと一線を画し、エレクトロニクス産業の
興亡を自らの足跡をもとに語る稀有な書です。そして、興亡を論ずる
にとどまらず、価値創造へのあくなき挑戦の姿を示すところに加納
先生の真骨頂があります。伝統から未来へと、歴史を重んじながら加
納先生の視線は常に未来に向かいます。

　加納先生との出会いは偶然でした。2012 年にアントレプレナーシ
ップに関する科目を立ち上げる担当となり、講師を探すなかで先生
と出会いました。多くの私の先輩や後輩がパナソニックで加納先生
の薫陶を受けていたことが分かり、偶然の出会いは、実は必然と感じ
るのに時間は要しませんでした。2013 年から開講いただいている講
義「起業工学」を通じて、世の中の役に立つ技術に重きをおき、価値
創造に向かう先生の姿勢は、次代に確実に受け継がれていきます。

平木明敏
元日立金属（株）取締役副会長

　私は、高知工科大学の起業家コースで社会人として学びました。その時に加納先生と出会い、そして大変お世話になりました。当時の私の職場は島根県の工場でしたので、週末に島根と高知を電車で往復するのは正直大変でした。そんな中で私のモチベーションが維持できたのは正に加納先生の存在でした。熱心な講義、温かみがあり懐の深い人間性全てに魅力を感じました。

　そんな折、私に海外での起業の機会が訪れました。授業で学んだことを実践したい気持ちが高まり、かつ加納先生からも背中を押して頂いたこともあり、勇気を出して会社に提案し認可されたのです。当時まだ４０歳でしたが、起業の責任者として若手２名を連れて台湾に旅立ったのです。加納先生と出会えたからこそ出来た決断です。

　起業の中身は、液晶パネル製造に使われる特殊な材料の現地生産です。色々と苦労しましたが、テレビがブラウン管から液晶に変わる絶妙のタイミングで台湾に進出したこともありこの起業は大成功を収め、その後の私の会社生活も大きく変わることになりました。

　この度、私の恩師である加納先生がご出版されると聞き大変嬉しく思いました。私の尊敬する加納先生の生き様を是非読みたいと思います。これからも益々お元気で、ご活躍を祈っています。

倉重光宏

（元 NHK 研究主幹、元松下電
器産業東京支社顧問）

加納さんと歩んだイノベーシ
ョンの道

　テレビの超高精細化の動きが始まったのは、今から 50 年以上も前
のことであった。

　テレビには画面サイズが決して縮まらないという「ネバーシュリ
ンク」の法則があり、「大型・高精細化」は自然の流れだった。その
頃、テレビの大型化は、液晶などに代表される、「真空容器型のキュ
ーブ型からフラット型（FPD)」を目刺し、世界中が競っていた。

　NHK が世界に先駆けて、対角 40 インチ（約 1 メートル）のプラ
ズマディスプレイ（PDP）の試作に成功したのは１９９０年であっ
た。私は「100 人（研究開発者）、100 億円（開発費）をやるから、
長野冬季オリンピック（１９９８）までに実用化せよ」と当時の経営
トップから厳命を受けた。

　そのとき、テレビの世界的なイノベーションを目指して持ち歩い
たのは、たった 1 枚の絵である（図参照）。しかし、「実用化」となる
と、企業の総力の結集が不可欠となる。当時、テレビのシェア NO.1
の松下電器産業（現在のパナソニック）に目をつけ、抱き合い心中覚
悟で手を取り合ったのが加納剛太氏（当時の松下電子工業の研究所
長）だった。

　研究開発インフラを揃えるのは私がやるから、加納さん、是非企業

群のリーダーとなって欲しいと頼み込み、堅い握手を交わした。
その折り、忘れられない仕掛けが、世界初の「PDPカラオケ」だった。コンソーシアム傘下の役員を招いた世界初の「カラオケ大会」は大盛況。これを機会に開発に火が付き、長野オリンピックまでに実用化は、見事果たせた。

　この成功は「国際詐欺師」と言われようが、「猪突猛進のイノシシ」といわれようが、実業界を牽引する熱情と根性に長けた、加納氏あればのことであった。

　そん後も、「アントレプレナー・エンジニアリング」研究会を立ち上げたり、大規模国際会議を開いたりして、二人三脚でイノベーションを引っ張って来たように思う。

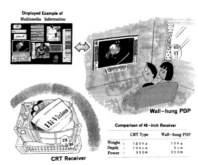

テレビのイノベーションを起こした1枚の絵

冨澤治

高知工科大学名誉教授

元三菱電機・電子 USA、電子デバイス G　副
社長

　加納先生の一つの大きな強みは一旦目標を設定すると達成するまでそれに向かって情熱をこめて追求し続ける「粘り強さ」であると思います。これは高知工科大学在勤時に日本の産業を再活性化するキーワードとして「起業工学」の概念を提唱され、その普及を強力に進めてこられたことにも見受けられます。

　この本の出版の機会に加納先生の提案された「起業工学」について私なりに捉えた解釈を付記したいと思います。

　Yao Tzu Li は著書 "Technological Innovation in Education and Industry" の中で製品の進化のプロセスを科学に内在する知識から始まり、市場に提供される製品、サービスで終わる「豊穣の角」に例えています[1]。これを発展させ知識から製品、事業に至る経済的価値拡大のプロセスをホーン型拡声器のアナロジーで表現し科学，工学、起業工学との関係を示したものが右図です。起業工学とは起業家精神を発揮し「イノベーションに基づき新しい事業を創造する仕組を体系化する学問領域」であり、このプロセスにおける課題を形成し達成する方法論を追求するものです。起業家精神、すなわちアントレプレナーシップを発揮するためには「知識」、「知恵」、そして「志」の３つの要素が必要であり、これを踏まえた起業工学教育は現在高知工科大学大学院起業マネジメントコースや京都工芸繊維大学の大学

院教育の中で実践され
ています。これまでの
加納先生の業績をベー
スに今後ますます「起
業工学」の普及、そして
日本の産業の発展に貢
献されることを期待し
ています。

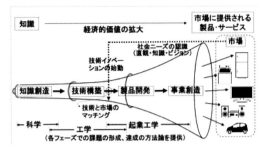

[1] Yao Tzu Li, "Technological Innovation in Education and Industry", Van Nostrand, 1980.

田路則子

法政大学

経営学部・大学院経営学研究科　教授

　加納先生、御出版おめでとうございます。私と先生との知己は、高知工科大学の講義で使用するビジネスプラン作成のツールを探しておられた時に、私が勤務していた東京のスタートアップに連絡をしてくださったことに始まります。私の実家がある高槻に所在する松下電子工業の研究所長をなさっていたというご経歴にご縁を感じました。そもそもはツールの購入をご検討されていたはずなのに、「あなたに講義も提供していただきたい」と決断され、私は美しいキャンパスの高知工科大学に赴くことになりました。その講義の休憩時間に、加納先生の机上に「助手募集」の資料を見つけました。私の助手採用が決まったのはまもなくでした。全てに即断即決、決められた期限よりも早い目標期限を決めて加速する、勝つまでやり抜く等々、いろいろなことを教わりました。私は猛烈に仕事をする性分ではありませんでしたが、後年、後輩や学生に猛烈にプレッシャーをかけることが増え、これは加納先生譲りであると自覚するようになりました。厳しすぎる、嫌だ、そういう経験を通してこそ、人は育ちます。現在ならパワハラ並の激しさゆえ、気持ちが萎えがちなところを、何度も奥様の弘子さんに助けていただきました。その時に気づいたのは、仕事の全てを奥様に相談することを何十年も続けておられたのではないかということです。弘子さんは的確なアドバイスどころか、意思決定にも大きな影響を

なさっておられたにちがいありません。私の見解に、この写真におられる高知工科大学の前田教授も賛同されていました。私が加納先生に「奥様は男性だったら、加納先生よりも立派なリーダーだったのではないですか？」と問いますと、「僕もそう思っている」というお答

えでした。内助の功どころか、影の参謀ではないですか、しかし、そのような片鱗を全くお見せにはならない弘子さんです。これからも、加納先生を鼓舞していただき、ご夫婦仲良く、私たちを見守っていただきたいです。

藤井英治
パナソニック株式会社
常任監査役(工学博士)

　ご発刊、誠におめでとうございます。

　加納剛太博士の人生観・研究観といった、大変興味深い内容の書籍にメッセージを寄稿する機会を与えてくださったこと、大変感謝いたしております。加納剛太博士をはじめ、ご推薦者の古池進様、カルロス・アラウジョ様にも、私のパナソニックでの研究・開発・事業化活動において、大変多くのことを学ばせていただきました。加納剛太博士は、本書の第 5 章の強誘電体メモリの研究・開発において、私の上司として技術開発に臨む基本的考え方について厳しくご指導いただきました。

　「独創技術は会社の敵」、「他人の力を利用してでも加速せよ」と事業化への執念をたたきこまれましたが、当時は技術者としては腹落ちできるものではありませんでした。しかしながら、振り返って考えますと、その後の私の「技術は顧客価値最大化の手段」、「オープンイノベーションによる加速」といった基本的考え方は、当時に刷り込まれていたのだと思います。心から御礼申し上げますととともに、ご発刊のお祝いとさせていただきます。本書を読まれる皆様が画期的な事業を創出されることを期待しております。

上田大助
国立陽明交通大学教授
名古屋大学特任教授
元パナソニック主席技監・先端研所長

　新入社員の頃に、生意気なだけだった青二才に OJT（On the Job Training）で論文の書き方を指導して頂いた日を昨日のように思い出します。ワープロもなかった当時、手書きの書き直し原稿が土嚢の如く積みあがり、もう限界だと思った時にやっと許可されるといった状態で、多分 1 年以上かかったと思います。このため、論文執筆は苦痛だったのですが、否応なく何ラウンドかをこなした後は、不思議な自信がつきました。最近では若手の研究者から論文指導を依頼されるのですが、とても加納先生のような忍耐力は持てません。加納先生はこれまでに読まれた論文から、優れた英文例を自らノート数冊分に書き写されており、その努力に敬服したものでした。

　加納先生が同時代の技術者・研究者の追従を許さないのは、妥協のない研究姿勢と比類のない想像力の飛躍にありました。 2 つ例を挙げることができます。加納先生が高槻の研究所でショットキーダイオードを開発した際に、ダイオードが感圧性を持つことを発見し、それを実用化しようとマイクを作り上げ、更に通信装置を試作し、守衛室との間に設置した逸話があります。もう 1 つは、実験中に MOS 集積回路に負性抵抗が生じていることに気づき、負性抵抗の原因を追究した時の話です。この原因は等価回路から寄生 p-ch MOSFET が

原因であることに気づき、負性抵抗を設計できるラムダダイオードの発明（発見）に繋がったことです。想像力は留まることを知らず、ラムダダイオードをメモリへ展開したり、更に不揮発性のメモリへ展開されたり、トヨタ自動車向けにスピード警報器を作ったり、実用化のために多大な努力されています。これには後日談があり、私が研究部長をしている時に、既に生産終了していたラムダダイオードを使いたいという顧客があり、営業から製造再開の要請があったことです。これに対応できなかったのは心残りでした。

　加納先生の作ったスローガンに「シーズとニーズの融合」という言葉があります。この2例からその趣旨を推量できるかと思います。現在の日本企業は顧客価値の追求というニーズ追求型が多いので出てきた技術は想像力に訴えません。一方、アカデミアはシーズを追求するだけで自己完結するので、発展しません。今日本に必要なのは、この両面の技術精神ではないかと感じています。

　私に Stanford の Harris 研に留学する機会を与えて頂いた際には「研究などしなくて良いから、米国の空気を吸って来い」と言われていたのですが、帰国すると「論文の1つも書かんと、何やってたんや。」と叱責されました。仕方なくたった1枚持ち帰ったグラフを元に苦心惨憺、手を加えて投稿した論文は意外に評価されたようでした。ここにも1つの教訓があります。「無理難題を言われても、最後まで打つ手がないか考える」ということです。並みの想像力しか持た

ない人間は無理を言わない常識人ですから、Idea や Breakthrough は生まれないのです。パワハラだのアカハラなどと言って無理難題を言わなくなれば、我が国は停滞から抜け出せないように思われます。

　最後に、加納先生の新著に寄稿する機会を頂いたことに感謝するとともに、本書が多くの人に読まれることを祈念致します。

伊藤國雄

国立津山高専名誉教授

元パナソニック電子総合研究所　部長

　加納先生、ご出版まことにおめでとう
ございます。

加納先生には松下電子工業研究所時代、
半導体レーザの開発と事業化で非常に
お世話になり、おこがましい言い方になりますが、苦楽を共にした仲
間というイメージが今でも残っています。加納先生の信条である「企
業における研究開発は最終的に商品化されなければ単なる自己満足
にすぎない。」を実現すべく、なりふりかまわず命がけでレーザの事
業化に取り組みました。現在で言えば、パワハラやアカハラの状態が
常でしたが、今から考えるとこの状態も開発事業化には必要ではな
かったかと感謝しています。そのおかげで紆余曲折はありましたが、
最終的には工場移管も実現し、レーザーユニットの実用化で大河内
記念技術賞をいただくことができました。研究所に入社した時は純
粋研究に興味があり事業化までは考えたこともありませんでしたが、
加納先生にご指導を受け「独創力は技術の敵」「研究結果がビジネス
として成り立って初めてその研究が完成したことになる」などの薫
陶を受け自分を大きく成長させることができました。

　会社を退職後津山高専へ赴任しましたが、そこでは学科主任とし
て上記の考え方をもって卒業研究に当たるよう若い学生に指導しま
した。その後いくつかの大学で客員教授や非常勤講師を担当した時
も、加納先生の提唱されている起業工学の一例として、私の実践した

「半導体レーザの研究開発事業化」の講義や講演をしてきました。これらを通じて、今の学生にも起業工学の必要性が理解してもらえたのでは、と思います。」

　加納先生が提唱された「起業工学」は今後ますます発展していくと思われます。

この本は企業の研究者だけでなく、これから社会に出ていく学生にも是非読まれることを期待しております。

和邇浩一

元パナソニック　カラーPDP SBU 主担
当

　私が加納先生の部下になったのは、加
納先生がプラズマディスプレイも担当
されるようになった時に遡ります。当
時、ディスプレイ分野はブラウン管の絶
頂期で、新しいデバイスを商品化するなどあり得ない状況でした。そ
んな中、商品化こそが企業研究所の使命であると力説される加納先
生には驚かされましたが、企業人として自ら開発した商品を世に出
したいという気持ちも強かったので、納得したことを思い出します。
　ここではプラズマのもう一つ成果、新幹線のニュース表示板に採
用された、「マルチカラープラズマ表示器」を紹介します。新幹線に
納入していたモノクロのプラズマディスプレイをカラー化したいと
いう相談を事業部から受けたとき、思いついたのは NHK と共同開
発中の DC 型を転用することでした。そこでテレビ用の画素を、文
字表示用に約 5 mm 角に拡大した設計図を事業部の提案し、事業部
のラインや外注を駆使して開発に取り組みました。使えるものは何
でも使えの精神です。結果、無事に JR に採用され、1996 年から当時
は世界最高速であった「500 系のぞみ」に搭載されました。まだ青色
LED やカラー液晶の普及前のことで、カラー表示器として初の商品
でした。もし上司が加納先生でなければ、そんなものは研究所のテー
マやない、と一蹴されていたでしょう。
　その後も私はプラズマディスプレイの開発に取り組むも、加納先

生が定年退職された後の組織になじめず、カナダのベンチャー企業へ転職することになりました。これには加納先生と、北米の自由闊達な研究開発の雰囲気を教えていただいたウェーバー博士、お二人の影響があることは否定できません。おかげ様でいろいろな経験ができたことに大変感謝しております。最後になりましたが、加納先生の益々のご健勝と本書が多くの人たちに読まれることをお祈りしています。

石綿宏

元 ASML ジャパン㈱社長、

元住友商事㈱米国法人 Sumitronics, Inc. 副社長

　加納先生、御出版おめでとうございます。加納先生に最初にお目にかかったのは私が米国から日本に戻り、シリコンバレーの VC の日本代表として活動を始めた 2000 年頃でした。新世紀を迎え、日本も大きく変わる、イノベーションによる新たな事業創造が生まれるという期待に満ちていた時です。加納先生は、そのような時期に起業工学という概念を確立され、高知から日本全体にそれを普及されようとしておられました。また、驚くことに、その活動に協力してくれたのがスタンフォード大学であったことです。正直なところ"何故スタンフォードと高知と言う組み合せ"と思ったものでしたが、理由は明確でした。それは私がシリコンバレーで学んだことでもありますが、一言で申し上げると"チャレンジは個人のコミットメントによってのみ実現される"ということです。加納先生の強い御意志、起業工学を日本でも確立する、そして日本の更なる発展の為に普及させたいとのお考えがあったからこそと思います。そして、約 20 年後の今、大学発ベンチャーも増え、また、特に素晴らしいのは、学生さんたちの人生設計が大きく変わってきていることです。日本の優れた技術、優秀なエンジニアが世界で高く評価されることは加納先生が実現されたかったことの一つかと思いますが、そのような新たな視点が、理工系大学生に浸透してきていることです。これは起業

工学的な観点からも重要な事であり、その礎を築かれたのが、加納先生が高知で始められた活動です。日本のイノベーション活動は前に進んではおりますが、行動力に優れた加納先生からご覧になられると"もっとスピード感をもって"ということではないでしょうか。引き続き先生と共に起業工学、起業家精神の普及をベンチャーのみならず日本全体の産業強化に活かしていきたいと考えております。素晴らしい出会いとご指導有難うございます。

吾妻正道
元パナソニックセミコンダクターソリュ
ーションズ㈱　主幹

　加納様に結婚式の仲人をして頂いて約2
年後のある日、「君にはコロラドに行って
もらう」と研究所所長としての加納様より
拝命を頂きました。中東で湾岸戦争が始まり、出張制限のかかる中を
加納所長にご引率を頂いて 1991 年 2 月にコロラド大学の Araujo 教
授のもとに赴任して 5 年間の共同研究が始まりました。そして翌
1992 年には米国カルフォニア州モンタレーでの国際強誘電体会議
（ISIF）で加納所長が日米補完協業の Key Note Speech をされた事
が昨日のように思い出されます。また当時、米国では既にキャンパス
発のベンチャーは普通でシンメトリックス社もその一つでした。コ
ロラドでは娘を授かり、研究の成果とともに帰国。開発した強誘電体
メモリ材料のプロセスへの導入に注力しました。そして事業化へ向
けては加納様や幹部の方々のご指導と多くの方々のご尽力を頂いて
FeRAM を搭載した交通カードで産業に貢献する事が出来、2019 年
に市村産業賞、2020 年に文部科学大臣表彰を会社代表の一人として
頂く事ができました。加納様には公私にわたり大変お世話になりま

した。特にそのご指導の下で日米の共同研究に始まる貴重な経験を重ね、起業工学の一端となる成果を得られました事にとても感謝しております。

著者ごあいさつ

　このたび、ご縁をいただき加納先生の半生記を執筆させていただくという僥倖に恵まれましたことにまずお礼を申し上げたいと思います。

　また、この書籍に関してお忙しい中、監修の労を取って下さった濱口先生をはじめ、推薦のお言葉を寄せて下さった皆様方に深く感謝申し上げます。

　幼い頃から、多くの電化製品に囲まれて育った世代の一人として、日本製の家電にはひとかたならぬ思い入れがあります。海外旅行先で、明らかに日本の企業名を真似た企業製の、しかし日本製品とは似ても似つかぬ粗悪な掃除機に愕然とし、本物の日本の家電の素晴らしさを世界が知ってくれることを願って止みませんでした。そんな私が、縁あって日本を代表する企業「世界の松下」でご活躍された加納先生を取材させていただけるとは、まさにライター冥利に尽きるの一言です。

　文中でも触れさせていただきましたが、私は戦後日本の復興を支えてきたのは、数多くの研究者や技術者の方々だと思っています。第二次世界大戦で完膚なきまでに打ちのめされ、何の資源にも恵まれなかったこの国がわずか数１０年で、世界からジャパン・アズ・ナンバーワンと称されるに至ったその秘密は、コツコツと真面目に物作りに励んでこられた技術者の総力によるものだと思うのです。加納先生が現役時代の精力的な仕事ぶりをご説明してくださいましたが、高度経済成長期のどこか社会全体が熱に浮かされたような情熱的な

仕事への取り組み方をうらやましく感じたものです。

　最近の社会は漫然と残業を重ねるようながむしゃらな働き方を良しとしない方向へとシフトしつつあります。そこにコロナ渦という変革要素が重なりました。どこに仕事への価値観を見いだしていくのか、個人個人に委ねられる時代の到来です。そして、個人にとっての仕事とお金と時間、責任と自由などの比重の置き方もまた多様化していくのでしょう。これはあくまで個人的な考えにすぎませんが、お金が一極的に強かった時代は終わり、これからは信用が一つのカギになるのではないかと思います。とはいえ、中国で先行している個人を審査する判断基準としてのAIによる信用スコアといった話ではありません。もっと大きなその国全体のイメージを包括するような信用のことです。そこで生きてくるのが、加納先生をはじめとする技術者の皆様方がこれまで築いてこられた日本製品の品質の高さです。エレクトロニクス製品を筆頭に車や日用品まで日本製品の素晴らしさは世界でもトップクラスの折り紙付きです。信用は一日にして築ける類いのものではなく、長い年月をかけて醸成されるもの。これこそが日本の底力であり、伝統の強みでもあると感じています。

　今は、コロナの影響や長引く不況、相次ぐ自然災害の後遺症に苦しむ日本ですが、物事に熱中し、改良を重ねることに喜びを感じる日本人の国民性は、伝統の中に息づくものであり、時を経てまた必ずや花開くものだと信じています。

　最後になりましたが、幾度となく取材に応じてくださった加納先生に改めて深く感謝を申し上げます。加納先生にお目にかかるたびに、そのエネルギッシュな行動力とお人柄の温かさに感化され、自身の襟を正す機会となりました。今後の先生のさらなるご活躍が楽し

みでなりません。

　　　　　　　　　　　令和二年三月　　安井　美佐子

謝辞

　本書は私にとっても、人生を振り返るよいきっかけとなりましたが、過去を振り返るたびに、私はなんと周囲の方々に恵まれていたことかと改めて皆様に対して深い感謝の念がわいてまいります。この場をお借りして皆様に感謝の気持ちをお伝えさせていただきたいと思います。

　私の挑戦の生涯を通じて、常に温かく見守っていただき、時には励まして下さった偉大な二人の恩人、メンターの（故）水野博之さんと恩師である末松安晴先生。お二人との出会いがなければ今日の私はありませんでした。お二人のご厚情に深謝いたします。

　そして、アメリカに学ぶという私の挑戦の原点を与えて下さったジェームス・ハリス先生。今日までの40年の長きにわたり、多くの日本人研究者にアメリカで学ぶ機会を与えてくださり、今なおそのご縁を大切にしてくださっていることに厚くお礼申し上げます。

　そして、本書発刊にあたり監修の労をとってくださった濱口さんには、心より感謝申し上げます。思い返せば濱口さんには、昭和３６年大阪大学電気工学科同期生として出会い、以来、学術や教育でお世話になり続け、松下卒業後の高知工科大学での挑戦にもご一緒いただきました。プライベートでは、子どもたちの進路についてご指導、ご相談にのっていただいたことも誠に思い出深いことです。そして、私の経歴をまとめた本書について監修を務めてくださったこと、まさに感謝ということばのほかはありません。これからも莫逆の友として末永くお付き合いいただけましたら幸いです。

古池さん、貴兄が松下電器に入社以来、今日にいたるまで、半世紀にわたり心の通じる友として仕事に、議論に、その真理を追究しつづけ、それを共有させていただけたことに心から感謝しています。貴兄の真摯な情熱と論理的で奥深い思考力には、いつも深く感動し、敬意を表してきました。本当にありがとうございました。

　カルロスさん、共に長く歩んできましたね。あなたの研究への情熱は、いつも私に光と希望を与えてくれました。この本の主人公とともに半世紀以上を共にしてくれたカルロスさんには敬意と感謝のことばを捧げます。

　お忙しい中、快く温かいメッセージを寄せていただいた皆様、活躍の機会を共にしていただいた皆様にあらためて深く謝意を表します。公私共に、皆様方と過ごした時間は、私にとって宝のようなすばらしいものでした。またライティング社の安井さん、横野さんのお二人には、私の思いを余すところなく聞いていただき感謝しております。

　最後になりましたが、家族へ。子どもたち、皆が立派に育ってくれたことを父は誇りに思っています。そして妻の弘子へ。苦労もかけたが、あなたがいてくれたおかげで、安心して人生を走り続けてこられた。心から、ありがとう。

令和３年春　加納　剛太

著者略歴

安井 美佐子（やすい・みさこ）

ライター、三重県出身。玉川大学文学部卒業。

雑誌やパンフレット、Web 媒体での広告業務に長く携わるほか、ビジネス書、自伝、小説等のゴーストライティング作品も多数執筆。数年前より児童文学の分野で作家活動を開始。

・主な受賞歴

２０１６年第１５回岩崎書店ジュニア冒険小説大賞佳作受賞

２０１８年第５回小学館ジュニア文庫小説賞金賞受賞

編著者略歴

加納 剛太（かのう・ごうた）　工学博士　IEEE Life Fellow

１９６１年大阪大学工学部電気工学科卒業　松下電器産業株式会社入社、松下電子工業株式会社取締役電子総合研究所所長、同常務取締役技術本部長などを歴任。

１９９８年松下電器産業株式会社定年退職、パナソニック（株）客員会会員、高知工科大学大学院基盤工学専攻起業家コース教授、同起業家コース長、総合研究所国際アフィリエイトセンター所長を歴任。

２００７年高知工科大学定年退職、同大学名誉教授、

２００８年(財)京都高度技術研究所文部科学省知的クラスター創成事業京都環境　クラスター本部事業化ディレクター

２０１０年同研究所退職、同本部顧問、大阪電気通信大学客員教

授、

２０１３年同客員教授を退職後、京都工芸繊維大学大学院客員教授、

２０１５年（米国）シンメトリック社取締役顧問、米国コロラド大学コロラドスプリングス校特任教授を兼務、

２０２０年京都工芸繊維大学客員教授を退職、現在に至る。

この間、大阪大学非常勤講師、北海道大学客員教授、米国デュポン社顧問、中国哈爾浜工業大学招聘教授、米国プラズマコ社取締役を経歴。

　この書籍の発案、執筆から刊行と、ほぼ同時並行で、カルロス・アラウジョが発明した新しい技術が新世代の半導体チップとして世界に羽ばたいていく様をつぶさに見守ってきたが、折しも CeRAM の今と今後の展望を総括するシンポジウムが２０２２年夏に開催されたのでここに付記したい。トランジスタが発明されてから約８０年、次世代半導体 CeRAM が AI や IoT といった分野にいかような革命をもたらすのか、私自身も未来へつながる新たな伝統の息吹を期待して止まない。

Over the long period of the conception of this book to its writing and publication,　I have kept a close eye on the fundamental technologies developed by Carlos Paz de　Araújo. His inventions have been adopted by electronics manufacturers over the　years, yet still hold great promise for the future of microelectronics in the form of correlated electron applications. As an addendum to this new edition of my book, I wish to mention the hosting of a symposium last summer of 2022 on the present and future of CeRAM. Nearly eight decades have passed since the invention of the transistor, and I have high hopes for its successor—next-generation Ce devices—which I believe will spur a revolution in the fields of artificial intelligence　(AI) and the internet of things (IoT), and inspire heretofore unimagined global standards.

京都工芸繊維大学 / Symetrix
国際シンポジウム

伝統から未来へ：ポスト CMOS への胎動
-CeRAM: Correlated Electron Memory-

2022年 8月25日(木) / 26日(金)
8:30～11:35　　8:10～12:25

オンライン開催

参加費無料

25日(木)

開会挨拶 (英語)

吉本 昌広 氏
京都工芸繊維大学理事・副学長

開会挨拶 (英語)

西 義雄 氏
京都工芸繊維大学顧問・特任教授、
スタンフォード大学名誉教授

伝統から未来へ -京都からのイノベーション- (日本語)

西本 清一 氏
京都大学名誉教授、(公財)京都高度技術研究所理事長、
(地独)京都市産業技術研究所理事長

京都から世界へ -最先端材料科学への挑戦- (日本語)

辻 理 氏
サムコ株式会社代表取締役会長兼 CEO、
(一財)サムコ科学技術振興財団理事長、
京都工芸繊維大学特命教授

テラ・スケール集積技術の展望
-Heterogeneous Integration (HI)- (英語)

Nicky Lu 氏
Member of NAE/IEEE Fellow,
Chair/Founder of Etron, Chair2014-15,
World Semiconductor Council

ポストシリコンのメモリ材料を求めて (英語)

藤田 静雄 氏
京都大学名誉教授

26日(金)

組み込み FeRAM の開発と商品化 (英語)
吾妻 正道 氏
Symetrix Corporation 客員研究員

FeRAM の実用化
-スマート都市の構築に向けた SUICA システムの開発-
(日本語)

椎橋 章夫 氏
JR 東日本メカトロニクス株式会社取締役相談役・取締役会長

CeRAM の発明からポスト CMOS、
ポストノイマンへの挑戦 (英語)

Carlos Paz de Araujo 氏
コロラド大学コロラドスプリング校教授、
Symetrix Corporation 会長兼 CEO

モットスイッチングの材料、プロセス、
および物理的特性 (英語)
Jolanta Celinska 氏
Vice President of Research at Symetrix Corporation

医療現場から AI 技術に望むもの
-EBM (Evidence-Based Medicine) から
SBM (Science-Based Medicine) へ- (日本語)

和田 洋巳 氏
京都大学名誉教授、からすま和田クリニック院長、
(特非)日本呼吸器外科学会 名誉会員

閉会挨拶 (英語)
加納 剛太 氏
Symetrix Corporation 取締役顧問、
元京都工芸繊維大学客員教授、パナソニック客員会員

■言語：英語（通訳なし）、一部日本語
■プログラムおよび参加申込（英語）：https://officepolaris.co.jp/kit2022/
■お問合せ先：igreen@kit.ac.jp
■主催：京都工芸繊維大学、■共催：Symetrix Corporation
■協賛：(一社)映像情報メディア学会、(一社)電子情報通信学会、(公社)応用物理学会、IEEE Japan Council

エレクトロニクス産業の興亡
〜伝統から未来へ〜 価値創造への挑戦
：加納剛太の歩んだ道

2023年2月28日発行	編　者　**加 納 剛 太**
	著　者　**安井美佐子**
	発行者　**向 田 翔 一**

発行所　　株式会社 22 世紀アート
　　　　　〒103-0007
　　　　　東京都中央区日本橋浜町 3-23-1-5F
　　　　　電話　03-5941-9774
　　　　　Email: info@22art.net　ホームページ：www.22art.net

発売元　　株式会社日興企画
　　　　　〒104-0032
　　　　　東京都中央区八丁堀 4-11-10 第 2SS ビル 6F
　　　　　電話　03-6262-8127
　　　　　Email: support@nikko-kikaku.com
　　　　　ホームページ：https://nikko-kikaku.com/

印刷
製本　　　株式会社 PUBFUN

ISBN：978-4-88877-169-6